In der festen Hoffnung, den jüdischen Vater nachzuholen, geht die junge Berlinerin Helga Treuherz 1938 mit ihrer Mutter nach Paris. Mit Handarbeiten und Zwischenhandel schlagen sie sich durch. Nach Kriegsbeginn durch die Franzosen in Gurs interniert, kehrt sie nach dem Einmarsch der Deutschen zur Mutter nach Paris zurück. Notgedrungen macht sie Geschäfte mit deutschen Soldaten und arbeitet für eine Firma, die deutsche Bunker ausrüstet. Mit viel Geschick gelingt es ihr, sich der ständig drohenden Deportation durch die Auslandsorganisation der NSDAP, vertreten durch Graf Dönhoff, zu entziehen. Dabei helfen ihr deutsche Ärzte und Wissenschaftler. Zum einen operieren Sanitätsärzte sie, sodass sie für die Behörden nicht erreichbar ist. Schließlich stellt ein Stabsarzt sie als Laborantin der Deutschen Forschungsgemeinschaft an, der bei Professor Frédéric Joliot-Curie am Collège de France geheime Forschung betreibt.

Anders als ihr Vater, der seit Oktober 1944 in Auschwitz verschollen ist, erlebt sie die Befreiung durch die Alliierten im August 1944 in Paris. Doch damit sind die Sorgen noch nicht zu Ende. Helga Treuherz wird von den französischen Behörden mehrfach verhaftet und muss sich des Verdachts der Kollaboration erwehren, bis sie endlich als Patriotin akzeptiert wird.

Die abenteuerliche Geschichte der Autorin schildert eindringlich, wie in widrigen Zeiten der Lebensweg einer jungen Frau in fremde Bahnen gelenkt wird.

Helga Cazas, geboren 1920 als Helga Treuherz in Steglitz bei Berlin als einzige Tochter eines jüdischen Kaufmanns, bricht 1936 wegen zunehmender antisemitischer Belästigungen den Schulbesuch ab. Das angestrebte Medizinstudium und auch der Wunsch nach Ausbildung zur Zeichnerin lassen sich nicht verwirklichen. Unter dem Druck der Verhältnisse emigriert sie 1938 nach Paris.

Im Krieg 1940 durch die Franzosen interniert, entging die Autorin mit List und Glück der drohenden Deportation durch Pariser Nazi-Behörden. Nach der Befreiung durch die Alliierten wiederholt der Kollaboration verdächtigt und verhaftet, kann sie erst Jahre später in ihrer neuen Heimat ein bürgerliches Leben als französische Staatsbürgerin beginnen.

Unsere Adressen im Internet: www.fischerverlage.de
www.hochschule.fischerverlage.de

Lebensbilder

Jüdische Erinnerungen
und Zeugnisse

Herausgegeben von
Wolfgang Benz

Helga Cazas

Auf Wiedersehen in Paris

Als jüdische Immigrantin
in Frankreich
1938–1945

Mit einem Nachwort
von Brigitte Mihok

Fischer Taschenbuch Verlag

Die Zeit des Nationalsozialismus
Eine Buchreihe
Herausgegeben von Walter H. Pehle

Originalausgabe
Veröffentlicht im Fischer Taschenbuch Verlag,
einem Unternehmen der S. Fischer Verlag GmbH,
Frankfurt am Main, Dezember 2005

Satz: Fotosatz Otto Gutfreund GmbH, Darmstadt
Druck und Bindung: Druckerei C. H. Beck, Nördlingen
Printed in Germany
ISBN-13: 978-3-596-16882-8
ISBN-10: 3-596-16882-1

Inhalt

Vorwort

Dieses Buch ist keine Leidensgeschichte. Mit heiterem, oft amüsiertem Blick schaut eine Davongekommene aus einem geordneten Lebensabend auf Ereignisse und Schicksalsschläge, die zwischen 1933 und 1945 die Lebenspläne der behüteten Berliner Schülerin Helga Treuherz zunichte machten. Augenzwinkernd erzählt sie die Geschichte »ihrer gestohlenen Jugend«, in der die Träume von einem achtbaren bürgerlichen Leben zerrinnen. Jugendliche Verliebtheit bescherte ihr manches riskante Abenteuer. Einfallsreich, oft verwegen, meisterte Helga Treuherz mit ihrer Mutter in fremdem Land Entbehrungen, Isolation und Angst, immer auch bemüht, den jüdischen Vater in Berlin vor der Vernichtung zu bewahren. Jede neue Bedrohung, jede Zuspitzung ihrer prekären Lage in Paris unter deutscher Besatzung bewältigte sie mit Lebensmut und Unbefangenheit. Sie erschloss ein Netzwerk gegenseitiger Hilfen und rettender Verbindungen zu mutigen Menschen, die für sie eintraten.

Von ihrem Vetter, unserem Freund Fritz Treuherz, der selber auf abenteuerliche, leider nicht dokumentierte Weise die Judenverfolgung in Berlin überlebt hatte, in den Achtzigerjahren zu ihr geführt, fragten wir mit wachsender Spannung nach ihrer Geschichte. Diese aufzuschreiben lehnte sie stets mit den Worten ab: »Aber Kinder, was habe ich schon erlebt? Wir haben unseren Vater nicht retten können.« Nach dem Tod des Vetters wurde Helga Treuherz von dessen Freundeskreis erneut gedrängt, ihre Erlebnisse aufzuschreiben. So begann sie 1993 mit dem Kapitel »Trauma« über ihre Berliner Jahre bis 1938.

In Deutschland wuchs inzwischen eine Generation heran, die nach dem privaten, individuellen Schicksal der Verfolgten fragte. Neben den Leiden anderer wie dem ihres Neffen Zwi Katz, der als litauischer Jude Lager um Lager und die Tortur der Todesmärsche überstanden hatte, schienen ihre Jahre als Emigrantin bedeutungslos. Der Erfolg seines Buches (Von den Ufern der Memel ins Ungewisse.

Zürich 2002) bewies ihr, wie hungrig die jüngere Generation nach Aufklärung über die Zeit vor 1945 verlangt. So konnten wir Helga Cazas schließlich doch bewegen, ihre Erlebnisse unter den Zwängen der wenig bekannten Pariser Emigration mitzuteilen. In der Muttersprache schrieb sie ihre Geschichte so rasch nieder, als hätte sich ihr Redefluss sechzig Jahre lang angestaut. Schreibend befreite sie sich selbst von überholten Einordnungen und Wertungen. Jetzt erst konnte sie alte Fotos und Dokumente zum Verschwinden ihres Vaters anschauen, die sie lange weggeschlossen hatte. Mit ironischer Distanz zeichnete sie nun wieder und ergänzte die wenigen geretteten Skizzen und Aquarelle aus den schlimmsten Jahren, als Karikaturen das einzige Ventil für ihre Wehrlosigkeit waren.

So privat und subjektiv ihre Erlebnisse erzählt sind, so spiegeln sie den historischen Hintergrund mit präzisem Gedächtnis für Namen, Ort und Zeit, wie unsere Überprüfungen bestätigten. Einige Aspekte aus der Überlebensgeschichte unserer Freundin Helga Cazas erregten unsere besondere Aufmerksamkeit:

Was auch immer Helga Treuherz während der Zeit der deutschen Besatzung unternahm, um zu überleben, immer geriet sie in den Bannkreis der Besetzer. Sie war kurzzeitig Sekretärin bei der deutschen Wehrmacht, sie verkaufte deutschen Soldaten Stoffe, sie arbeitete in einer Schweizer Firma, die Wehrmachtsbunker am Atlantik mit Belüftungsanlagen ausrüstete, und sie betrieb Schwarzhandel zur Materialbeschaffung für die Wehrmacht.

Ihre letzte Chance, sich vor der immer drohenden Deportation zu schützen, bestand darin, als Laborantin für deutsche Wissenschaftler in einem geheimen Forschungsprojekt zu arbeiten. Es ist kaum bekannt, dass der Nobelpreisträger Frédéric Joliot-Curie 1940 nach der Besetzung von Paris gezwungen wurde, den Deutschen Zugang zum einzigen Zyklotron Europas am Collège de France zu gewähren. Für den deutschen Uranverein, der versuchte einen Uranbrenner und eine Uranbombe zu entwickeln, sollten dort Transurane hergestellt und deren physikalische Parameter gemessen werden. Unsere Freundin glaubte jahrzehntelang, auch sie hätte zumindest indirekt an diesen Bemühungen teilgenommen. Nach unseren Recherchen führte ihr Arbeitgeber, der Göttinger Mediziner Schubert, der sich als Stabsarzt in Paris aufhielt, dort jedoch Untersuchungen zum Stoffwechsel aus. Er ließ mit Hilfe des Zyklotrons künstlich radioaktive Substanzen präparieren, mit denen er an Tieren den Kupferstoffwechsel untersuchte. Das waren neuartige, wegweisende Experimente auf dem Gebiet der Strahlenmedizin. Auch für den Physiker Maurer aus Berlin und den Chemiker Starke aus Heidelberg, Mitglieder des Uranvereins, hatte Helga Treuherz zu arbeiten. Beide kamen mit ihren physikalischen Fragestellungen nicht recht voran, unterstützten aber Schubert bei dessen Arbeiten. Auf diese Weise waren sie kriegswichtig tätig und blieben vom Militärdienst verschont. Dank ihrer Tätigkeit bei den deutschen Wissenschaftlern war Helga Treuherz nun vor der Auslandsorganisation der NSDAP sicher, die in Paris für Reichsdeutsche zuständig war. Der Parteigenosse Dr. jur. Christoph Graf Dönhoff, Leiter des dortigen Rechtsamts, hatte mehrmals versucht, sie und ihre Mutter nach Berlin zurückzuschicken.

Es wird deutlich, in welchem Maße Frankreich damals in die deutsche Kriegswirtschaft einbezogen war. Dass die Emigrantin Helga Treuherz später von ihren französischen Nachbarn der Kollaboration mit den Deutschen verdächtigt wurde, erstaunt deshalb nicht.

Nach der Befreiung waren die Leiden nicht zu Ende. Zu Verdächtigungen, Argwohn und Neid von außen kamen zwangsläufig materielle Not der übrig gebliebenen, erschöpften Emigranten sowie Trauer darüber, Vater und Onkel nicht vor der Vernichtung bewahrt zu haben. Zahlreicher Fremdsprachen mächtig, gelang der jungen Frau die Neuorientierung in fremder Umgebung leichter als ihrer Mutter, die nur auf dem Papier Französin war. Heimat – ein unbekanntes Wort im Französischen – wurde die Gemeinschaft der Leidensgenossen aus aller Welt, ein ortloser Raum, in dem die beiden Frauen Geborgenheit fanden. Leid und Verlust waren die einzige Gewissheit, die alle in Paris versammelten Emigranten verband.

Helga Treuherz heiratete 1948 den litauischen Geschäftsmann Honon Cazas, der seit den Zwanzigerjahren in Frankreich gelebt und sich während der Besatzungszeit vor der Judenverfolgung in den französischen Alpen versteckt hatte. Seit dessen Tod im Alter von einhundert Jahren wirbt Helga Cazas unermüdlich um Spenden für ein jüdisches Altenwohnheim und betreut dessen Bewohner. Scheinbar unbeschädigt von den Verstümmelungen ihrer Jugend ist die Autorin strahlende Gastgeberin in ihrer Pariser Wohnung, dem Treffpunkt vieler Freunde. Spät erst gelang der charmanten Frau ein selbstbestimmtes Leben, vor dessen Leistung wir uns verneigen.

Neben der schweren Vergangenheit hat die Zuhörer bei ersten Leseproben das beständige soziale Engagement der alten Dame tief beeindruckt. Ganz besonders gilt das für junge Menschen in Deutschland. Der Generation, die selbst verschont blieb, fehlt Anschauung, die nur Augenzeugen vermitteln. Die Autorin ermutigt junge Hörer, Verantwortung für unsere Zeit zu übernehmen. Sie ruft sie auf zur Wachsamkeit gegen neues Unrecht.

Dass dieses Buch in einer Zeit erscheint, in der auch in Frankreich mehr und mehr über die Geschehnisse während der deutschen Besatzung von 1940 bis 1944 gesprochen wird, freut uns. Sechzig Jahre nach der Befreiung ist die französische Beteiligung an Verfolgung und Deportation ins Blickfeld geraten.

Die Niederschrift der Autorin Helga Cazas ist von uns mit textbegleitenden Erklärungen familiärer und historischer Details versehen worden. Wir sind dankbar, dass darüber hinaus im Nachwort von Frau Dr. Brigitte Mihok die persönlichen Erlebnisse der Autorin in den historischen Zusammenhang der deutsch-jüdischen Emigration in Frankreich eingeordnet werden. Dem Verlag, insbesondere Prof. Dr. Walter Pehle, danken wir für das Engagement für diese Dokumentation eines Überlebens in schwerer Zeit.

Bei unseren Recherchen zu den Anmerkungen unterstützten uns: Bundesarchiv der Dienststellen Berlin, Aachen und Freiburg; Deutsche Forschungsgemeinschaft Bonn; ZEIT-Archiv Hamburg; Deutsches Adelsarchiv Marburg; Archiv des Deutschen Roten Kreuzes Berlin; Standesamt Bad Staffelstein. Für Auskünfte danken wir: Hermann Graf Hatzfeldt, Wissen; Prof. Günter Herrmann, Mainz; Prof. Hartmut Jungclas, Marburg; Prof. Brigitte Maurer, Würzburg; Dr. Peter Merten, Münster; Prof. Ulrich Schmidt-Rohr, Heidelberg; Prof. Heinz-Peter Schmiedebach, Hamburg.

Frankfurt am Main, im Juni 2005   Helga Köttelwesch-Büthe
Dr. Otto Grüter

Auf Wiedersehen in Paris

Trauma

Eigentlich sollte ich Käthe heißen. Aber davon gab es schon drei in der Familie, und man hätte nie gewusst, von welcher eigentlich die Rede war; so fügte man als Rufnamen Helga hinzu. Ein nicht sehr passender Name für ein Kind jüdischen Ursprungs, denn mein Vater[1] war Jude, und meine katholische Mutter[2] war, um Familienzwisten aus dem Wege zu gehen, bei der Heirat mit meinem Vater zum Judentum übergetreten. Aber Helga[3] war nun einmal modern im Jahre 1920 in Berlin. So gab es davon später eine ganze Anzahl in meiner Klasse.

Durch den langen Krieg[4], den mein Vater vom Anfang bis zum Ende mitgemacht hatte, wurde ich erst nach neunjähriger Ehe geboren. Ich blieb das einzige Kind. Lange Zeit wünschte ich mir einen Bruder oder eine Schwester, bis mir klar wurde, dass ich dann meine Vorzugsrolle in unserer kleinen Familie verlieren würde. Von da an beobachtete ich meine etwas füllige Mutter stets mit Besorgnis, die sich jedoch als grundlos erwies.

Meine Kindheitserinnerungen sind ein unschätzbarer Reichtum. Bessere Eltern hätte ich mir nicht wünschen können, an Spielgefährten fehlte es nie, und den Bruder ersetzte mir mein zwei Jahre jüngerer Vetter Fritz[5], Sohn des jüngsten Bruders meines Vaters, Paul[6], der bei unserer Großmutter[7] in Charlottenburg[8] wohnte. Das Verhältnis war sehr innig.

Unser Großvater[9], den wir nie gekannt haben, besaß in Berlin ein bekanntes Geschäft[10] für Knöpfe, Schnallen und Posamenten[11] und außerdem eine Fabrik in Annaberg (Thüringen). Nach seinem Tode gingen diese jedoch in fremde Hände über. Von dem Wohlstand, in dem meine Großeltern und ihre Kinder gelebt hatten, lernte ich nur noch Restbestände kennen.

Mein Vater hatte es nicht leicht. Er tat sich im Jahre 1928 mit einem Knopffabrikanten[12] zusammen, und beide eröffneten eine kleine Knopffabrik, deren kaufmännischer Leiter mein Vater wurde. Die ersten Jahre waren recht schwer, aber nach und nach setzte sich die Firma in der Berliner Konfektion durch, wo mein Vater sehr geschätzt war, und die Zukunft erschien in rosigen Farben. Aber 1933 änderte sich langsam die Lage. Die Aufträge wurden spärlicher, und zwischen den beiden Geschäftspartnern gab es Spannungen.

Wir wohnten in Steglitz[13], einem südlichen Stadtteil von Berlin, der zum großen Teil von mittleren Beamten besiedelt war und nach und nach zur Hochburg des Nationalsozialismus wurde. Selbst mit meiner allerbesten Freundin Inge trübte sich das Verhältnis, als sie anfing, Ansichten zu vertreten, die sie vielleicht noch gar nicht verstand, aber zu Hause aufgeschnappt hatte. Später erfuhren wir, dass ihr Vater inzwischen Obersturmbannführer der SS geworden war.

Und nach und nach erfuhr ich, was es bedeutet, ein Mensch »zweiten Grades« oder, wie Goebbels es gerne formulierte, ein »Geschwür am Volkskörper« zu sein. Das führte bei einem pubertierenden Kind zu einem lebenslang anhaltenden Trauma. In meiner Schule, dem Bismarck-Oberlyzeum[14] in Steglitz, hatte ich eigentlich nicht direkt zu leiden, weil unser Klassenlehrer, Herr Roggenstroh, der uns seit der Sexta in Deutsch und Französisch unterrichtete, offensichtlich Nazigegner war und mich bevorzugte. Denn ich bin im Gegensatz zu meiner Mutter sprachbegabt. Später in Frankreich, wo sie größte Schwierigkeiten mit der Sprache hatte, behauptete sie oft voller Verzweiflung: »Du hast mir alles weggenommen!«

Ich hatte trotz allem einige gute Freundinnen in der Klasse. Schließlich waren wir ja bereits seit 1930 alle zusammen, und die drei oder vier katholischen Schülerinnen bekamen mindestens so wie wir drei jüdischen eine gewisse Ausgrenzung zu spüren.

In der Quarta schlug uns Roggenstroh vor, mit französischen Schülern zu korrespondieren. Ich war sofort Feuer und Flamme und erhielt von ihm die Adresse eines Mädchens aus Saint-Étienne, einer damals bedeutenden Industriestadt im Südosten Frankreichs. Meine neue Freundin Louise Chambon[15] und ich schrieben uns regelmäßig – sie auf Deutsch, ich auf Französisch. Wir korrigierten gegenseitig unsere Fehler, tauschten Fotos aus und freuten uns jedes Mal über einen neuen Brief. Sie begann ihre Briefe stets mit

14

Sommerfrische der Familie Treuherz im Ostseebad Baabe auf Rügen, Sommer 1923. Vater Julius, Mutter Else, Onkel Paul, Großmutter Ida, Helga (aus dem Archiv der Autorin).

»Mon petit lapin bleu« (mein kleines blaues Kaninchen), woraufhin ich für sie den Kosenamen »Mon petit poussin jaune« (mein kleines gelbes Küken) erfand.

Hitler bereitete sofort nach seiner Machtübernahme den Krieg vor, was bald auch im Bismarck-Oberlyzeum zu spüren war. Die große Turnhalle im Untergeschoss wurde in einen Luftschutzkeller verwandelt. Regelmäßig wurden nun »Feueralarme« ausgelöst. Die Lehrer kontrollierten mit Stoppuhren die vorgegebene Zeit, in der wir die Turnhalle erreichen mussten. Der weitere Unterricht fiel dann aus, und ältere Schülerinnen hatten die jüngeren, die ungefähr den gleichen Schulweg hatten, nach Hause zu begleiten. Sie sollten Wege wählen, die an Häusern vorbei führten, in die man im Falle eines Gasbombenangriffs schnell flüchten konnte.

Im Jahre 1935, die Propaganda gegen die Juden war bereits allgegenwärtig, kam es zu einem Zwischenfall, der mich sehr verletzte. »Der Stürmer«[16] veröffentlichte abscheuliche Karikaturen feister, dickbäuchiger, kahlköpfiger Juden, die mit überdimensionalen Hakennasen versehen waren und sich speicheltriefend auf hilflose, blond gelockte, blauäugige, »arische« Jungfrauen stürzten oder in dicken Dollarsäcken wühlten. Auf diese Weise wurde bei der Bevölkerung gegen die »Juden« gehetzt.

Damals leitete die SA auch eine Propaganda-Aktion ein: »Kauft nicht bei Juden!« Ein Vorfall ist mir in diesem Zusammenhang besonders in Erinnerung geblieben. Unseren Deutschlehrer, Dr. Stabenow, von uns nur »Stäbchen« genannt, hatte ich bis dahin als einen harmlosen, dicklichen, bebrillten Familienvater kennen gelernt, der uns oft zum Lachen brachte. Eines Tages jedoch nahm sein Unterricht eine unerwartet politische Wendung. Er begann die Stunde folgendermaßen: »Ich bin ein großer Bewunderer unseres Führers – aber alles kann ich doch nicht billigen.« Neugierig geworden folgte ich seinen Worten: »Da ging ich gestern zu Wasservogel, um Haushaltswaren zu kaufen. Als ich eintreten wollte, kam ein SA-Mann auf mich zu und sagte: ›Was, Sie kaufen beim Juden? Ich schreibe Sie auf.‹ Und trotz meines Protests, dass ich nie gewusst hatte, dass Wasservogel ein jüdisches Geschäft sei, notierte er meine Personalien. Das finde ich unglaublich! Woher sollte ich das denn wissen?« Bei seiner Schilderung regte er sich nachträglich noch schrecklich auf, geriet dann von diesem Thema ab und beschimpfte die Juden mit den damals üblichen Attributen der Nazi-Terminologie: Asphalt-literaten, Journaille usw., die das deutsche Volk verseuchen.

Mir war es genug. Ich meldete mich. Er kannte mich gut, aber erst jetzt wurde ihm bewusst, dass ich Jüdin war. »Ich bitte um die Er-laubnis, die Klasse verlassen zu dürfen.« – »Ja wieso denn das? Sie bleiben hier!« – »Ich bin Jüdin!« – »Was ich zu sagen habe, kann jeder hören. Wenn Sie schon die große Ehre genießen, an dieser Schule zu weilen, müssen Sie auch anhören, was ich zu sagen habe!« Ich setzte mich. Meine Freundin neben mir drückte mir die Hand. Der Unterricht war zu Ende. Dr. Stabenow rief mich zu sich: Er habe doch nichts gegen mich persönlich, das wisse ich doch. Ich müsse doch einsehen, dass er Recht habe – er habe sogar jüdische Freunde. Wer hatte die nicht? So versuchte er, sich zu ent-schuldigen. Er hatte allerdings bis dahin wirklich nie einen Unter-schied zwischen mir und den anderen Schülerinnen gemacht.

Unser Klassenlehrer, Herr Roggenstroh, der uns jetzt auch in Eng-lisch unterrichtete, fühlte sich unter dem Naziregime sichtlich un-behaglich. Wenn er vor dem Unterricht die Klasse betrat, stellte er sich nicht vorschriftsmäßig vor uns hin und hob nicht den Arm zu einem zackigen »Deutschen Gruß«. Nein, er betrat die Klasse mit Stullenpaket und Milchflasche unter dem Arm, kehrte uns den Rücken, hob lasch die Hand und murmelte, während er die Milch-flasche am Brett der Schiefertafel verstaute, ein klägliches »Heil Hitler!«.

Am Tage nach dem Vorfall mit Dr. Stabenow erinnerte Roggen-stroh uns gegen Ende des Unterrichts daran, dass wir für das fol-gende Lehrprogramm viele neue und überwiegend recht kostspie-lige Bücher benötigen würden. »Ihr wisst doch sicherlich, dass man von den Schülerinnen der höheren Klassen gebrauchte Bücher bil-lig erstehen kann«, fuhr er fort. »Es ist keine Schande, diese Mög-lichkeit zu nutzen; geniert euch deswegen nicht!« Und an mich ge-richtet fügte er hinzu: »Helga, ich kann mir denken, dass Ihr Vater es jetzt nicht leicht hat, also zögern Sie nicht, davon Gebrauch zu machen!« Er meinte es gut. Mir aber stürzten die Tränen in die Augen, und mit hochrotem Kopf sprang ich auf und stammelte: »Nachdem ich schon die große Ehre genieße, an dieser Schule ver-weilen zu dürfen, will ich diese nicht übermäßig in Anspruch neh-men!« Roggenstroh war bestürzt und blickte verständnislos umher.

Die Autorin, links, mit Freundinnen bei einem Schulausflug
in der Umgebung von Berlin, 1932
(aus dem Archiv der Autorin).

Meine Mitschülerinnen erklärten ihm den Vorfall. Nach dem Unterricht kam er zu mir, um mich zu beschwichtigen und seinen Kollegen zu verteidigen.

In mir aber war etwas zerbrochen – ich konnte mich nicht mehr wohl fühlen an einem Ort, an dem ich nur geduldet wurde. Ich hatte nur einen Wunsch, die Schule zu verlassen. Die Universität blieb mir als Nichtarierin sowieso verschlossen, und meinen Traum, Medizin zu studieren, konnte ich nicht verwirklichen. Wozu also in der Schule bleiben? Es war schwer, meinen Eltern diesen Entschluss beizubringen. Ich hatte ja noch nicht einmal die Obersekundareife. Meine Lehrer waren entsetzt, besonders Roggenstroh. »Hat sie vielleicht Angst vor der Reifeprüfung? Bei ihren Noten wird sie sowieso davon dispensiert!«, sagte er meiner Mutter. Sogar die evangelische Religionslehrerin, an deren Unterricht ich zwar nicht teilnahm, unter deren Leitung ich aber manchmal mit meinen Freundinnen im Kirchenchor mitsang, versuchte, mich umzustimmen. »Bei uns ist sie in Sicherheit«, sagte sie meiner Mutter.

Heute bedauere ich mein überstürztes Handeln. Damals aber wollte ich der mir unerträglichen Atmosphäre entfliehen. Ich wollte keine Nazilieder mehr singen und mich nicht mehr als einzige Schülerin dem »Deutschen Gruß« verweigern, während alle anderen oft minutenlang mit erhobener Hand verharrten. Ich fühlte mich ausgestoßen und minderwertig.

Nach dem Unfassbaren, das seitdem geschehen ist, erscheinen mir diese Vorfälle heute fast bedeutungslos. Trotzdem haben sie mich, wie viele andere junge Menschen in meiner Lage auch, für mein ganzes Leben gezeichnet.

Es war nicht die Schule allein. Überall bekamen wir mehr und mehr zu spüren, dass wir drittklassige Menschen waren, mit denen niemand etwas zu tun haben wollte. Es passierte, dass jemand in der Straßenbahn seinen Sitz wechselte, um nicht neben meinem Vater, dem man seine semitische Abstammung ansehen konnte, sitzen zu müssen.

Das Verlassen des Bismarck-Oberlyzeums befreite mich jedoch nicht von der Schulpflicht – ich war erst sechzehn Jahre alt und musste bis zu meinem achtzehnten Lebensjahr noch zweimal in der Woche eine Berufsschule besuchen. Die Lehrfächer waren: Buchhaltung, Stenographie, Geschäftskorrespondenz, Handarbeit, Völkerkunde und natürlich Rassenkunde.

Meine Eltern hatten Steglitz, wo man uns zu gut kannte, schon

1934 verlassen, weil die Atmosphäre dort langsam unerträglich wurde. Sie waren daher nach Wilmersdorf[17] in die Nähe des Kaiserplatzes gezogen. Die Berufsschule befand sich in der Hohenzollernstraße. Auch dort kam es zu einigen Zwischenfällen.

Gleich beim Betreten der Klasse wies ich meine Mitschülerinnen, die aus ganz unterschiedlichen Gesellschaftsschichten stammten, darauf hin, dass ich Jüdin sei. Erstaunt erwiderte eine Schülerin mir darauf: »Aber das kann doch nicht sein, Juden sehen doch ganz anders aus!« Meine Frage, ob sie überhaupt Juden kenne, verneinte sie mit Erstaunen. Bei anderen fühlte ich sofort eine abweisende, feindselige Haltung – die waren Mitglieder des BDM[18] –, aber die meisten verhielten sich zurückhaltend oder desinteressiert. Zwei Schülerinnen boten mir spontan ihre Freundschaft an – ihre Väter waren Sozialdemokraten.

Wir hatten einen sehr sympathischen älteren Lehrer, Herrn Müller, dem man – wie im Bismarck-Oberlyzeum unserem Roggenstroh – sofort seine Anti-Nazi-Gesinnung anmerken konnte. Eines Tages ließ er sich während des Unterrichts dazu hinreißen, die Regierung zu kritisieren. Sein Groll, den er offensichtlich bisher unterdrückt hatte, brach jetzt aus ihm heraus. Er konnte nicht mehr aufhören. Ich war bestürzt. Zwei der BDM-Mädchen stenographierten fleißig mit. Ich versuchte, ihn durch Zeichen zum Schweigen zu bringen, aber er bemerkte es wohl gar nicht. Beim nächsten Unterricht, ein paar Tage später, war Herr Müller verschwunden und wurde durch einen jungen prätentiösen Lehrer ersetzt, der uns erklärte, Herr Müller sei vorübergehend vom Dienst entbunden.

Von nun an änderte sich der Unterrichtston: »Mädels, der Führer braucht Kinder, also braucht er euch! Ihr müsst euch nicht genieren, ihr könnt gleich anfangen! Es ist keine Schande, sondern eure Pflicht, an Deutscher Zukunft mitzuwirken!« Seine Worte fielen auf »fruchtbaren« Boden. Eine Vierzehnjährige wurde schwanger und schenkte wohl ihrem Führer ein Kind. Vorher verschwand sie von der Schule. Eine Sechzehnjährige, Tochter eines hohen SS-Offiziers, wurde ebenfalls schwanger, entschied sich aber gegen das Kind.

Ich hatte persönlich eigentlich an dieser Schule weniger zu leiden, als zu befürchten war. Es kam zu keinerlei Auseinandersetzungen mit den Mitschülerinnen. Die »Sozialistinnen« hielten zu mir. Ich war sogar einmal bei der einen zu Hause eingeladen, und wir sind sogar zusammen ausgegangen, obwohl das 1936/37 schon ein gewisses Risiko bedeutete. Viele Schülerinnen waren freundlich, und die BDM-Mädchen ignorierten mich vollkommen.

Eines Tages erklärte uns die Lehrerin beim Rassenkunde-Unterricht am Beispiel von Mulatten, Mestizen und Kreolen, was Mischlinge sind. »Diese sind minderwertige Geschöpfe, geistig zurückgeblieben und körperlich unterentwickelt, wie man es ja auch bei Mischlingen, die aus einer Verbindung zwischen Juden und Ariern stammen, feststellen kann.« Darauf sprang ich auf und fragte sie, ob sie mich für zurückgeblieben und unterentwickelt halte. Wieder einmal feixte die Klasse. Die Lehrerin fragte verständnislos: »Was soll das heißen? Was wollen Sie damit sagen?« – »Ich bin Halbjüdin oder Halbarierin.« Da schwieg sie betreten und stotterte dann: »Na ja, es gibt eben auch Ausnahmen.«

Mittlerweile wurde unsere Lage immer heikler. Mein Vater, der in der Konfektionsbranche sehr beliebt war, erhielt immer seltener Aufträge für seine Knöpfe und Schnallen, weil alle Angst hatten, bei ihm zu kaufen. Sein Geschäftspartner[19] wollte ihn loswerden. Nachdem er eines Tages sogar handgreiflich wurde, trennten sich die beiden. Mein Vater erhielt eine Abfindung – von 400 Mark, sein Partner behielt die Fabrik.[20]

Zusammen mit einem weiteren jüdischen Kollegen bezog mein Vater dann ein winziges Büro. Jeder saß auf seiner Seite des großen Schreibtisches, der das Zimmerchen teilte, mit einem Sortiment von Ware in Schachteln, die an jeder Wand in Regalen aufgestapelt waren. So versuchten beide, zumindest etwas als Grossisten zu verdienen. Es tat weh, die Sorgen, Demütigungen und die Bitterkeit auf dem Gesicht des geliebten Vaters sehen zu müssen, wenn er sich auch sehr bemühte, seine Gefühle vor uns zu verbergen.

Ungefähr um diese Zeit wurde in der Parteizeitung »Völkischer Beobachter«[21] eine ganze Seite – ich glaube, es war sogar die Titelseite – dem Weltkrieg gewidmet. Die Überschrift lautete ungefähr: »Unsere tapferen Frontsoldaten 1914–1918 im Kampf zwischen Lâon und Soissons.« Und in der Mitte ein Foto, welches ich nur zu gut kannte, denn wir besaßen es zu Hause. Es zeigte meinen Vater, den Juden Treuherz, während eines Luftangriffs. Man sieht ihn im Vordergrund, er hatte nicht einmal Zeit, seinen Stahlhelm aufzusetzen. Wie Päpschen mir erklärt hatte, war es ein gestelltes

Flaksoldaten stürmen zu den Geschützen. Vorn mit Helm in der linken
Hand der Vater der Autorin. Propagandabild, aufgenommen zwischen Lâon
und Soissons (Aisne), 100 km nordöstlich von Paris, ca. 1916
(aus dem Archiv der Autorin).

Bild. Natürlich war ich etwas enttäuscht, denn ich wollte meinen Vater lieber als Helden sehen, nicht als Komparsen. Welche Überraschung, dieses Bild im Völkischen Beobachter wieder zu finden. Ich hätte der Redaktion nur zu gerne mitgeteilt, wer der Held im Vordergrund wirklich war.

Diese Geschichte erinnert mich an einen kleinen Vorfall, der mich für mein ganzes Leben geprägt hat. Noch in der Volksschule wurde uns kleinen Kindern Nationalbewusstsein eingeprägt. Frankreich war unser blutrünstiger Erbfeind, den man zu hassen hatte. Man erklärte uns entrüstet den Refrain in der Marseillaise[22], in dem es heißt: »Das unreine Blut tränke unserer Äcker Furchen!« Wir wurden gefragt, ob unsere Väter im Weltkrieg im Einsatz gewesen waren. Ich kam aufgeregt nach Hause und fragte meinen Vater, wie viele Franzosen er denn getötet habe, in der Hoffnung, dass es recht viele gewesen seien. Ich wollte mich am nächsten Tag in der Klasse damit brüsten. Mein Vater blickte mich lange an und sagte dann: »Ich kann es nicht wissen, denn ich war bei der Flak[23]. Aber ich hoffe sehr, dass ich niemanden getroffen habe. Warum sollte ich denn einen Menschen töten, den ich gar nicht kenne und der mir nichts getan hat und – wer weiß – der vielleicht auch eine kleine Tochter zu Hause hat?« Ich habe mich am nächsten Tag in der Schule zu der Frage nicht gemeldet. Und ich war stolz auf meinen Vater, der hoffte, niemanden getroffen zu haben.

In unserer Wohnung hatten wir inzwischen ein Zimmer vermietet, da wir die Miete allein nicht mehr aufbringen konnten. Zuerst an eine Dame, die eigentlich keine war. Ich besinne mich, dass sie für ihren Freund kochte und die heißen Kartoffeln in unserem Schreibtisch aufzubewahren pflegte, worüber sich meine Mutter sehr ärgerte. Sie konnte jedoch nicht lange bei uns bleiben, da man meinen Vater der Rassenschande[24] hätte bezichtigen können – es wurde zu gefährlich.

Also suchten wir einen männlichen Mieter – meine Mutter war ja arisch – und fanden ihn in Gestalt eines reizenden alten Herrn, eines richtigen Gentleman. Herr Dörr[25] war zwar mit Reichsminister Dr. Frick[26] verwandt, aber überzeugter Anti-Nazi und äußerst judenfreundlich. Er schrieb Bücher und bezeichnete sich als den »einzigen Heimatdichter«. Einmal, als er krank war, brachte ich ihm sein Frühstück. Da lag er im Bett, und über die Pyjamajacke hatte er einen Schlips gebunden – keinen seidenen, sondern einen gewebten, aus Wolle, ganz stilecht.

Dann wurde es auch für ihn zu gefährlich, bei uns zu wohnen. Aber er besuchte uns noch ab und zu. An seiner Stelle erschien eine ältere, jüdische Dame, die so schwer an der parkinsonschen Krankheit litt, dass ihr ganzer Körper ständig zitterte. Ich erinnere mich, dass sie sehr faltig war und sich stark schminkte. Diese Frau hatte einen Sohn, der Arzt war und meiner Mutter genaue Anweisungen für ihre Pflege gab. Das Wichtigste dabei waren die Tropfen, die meine Mutter ihr zu bestimmten Stunden zu verabreichen hatte. Leider war die Dame aber krankhaft misstrauisch und von der Idee besessen, dass man sie vergiften wolle. Ich sehe die beiden noch vor mir: Meine Mutter zählte die Tropfen in ein Glas, und sie stand dabei und schrie: »Halt! Nicht so viel!« Es war ein ständiger Kampf und auf die Dauer unerträglich. Deshalb kündigten wir ihr und nahmen meinen Onkel Paul und seinen Sohn Fritz zu uns. Zum Glück verstanden wir uns alle sehr gut. Fritz war für mich eher ein kleiner Bruder als ein Vetter.

Unsere Lage verschlechterte sich zunehmend. Wohin konnten wir auswandern?

Wir hatten keine Verwandten in anderen Ländern. Außerdem wurde den jüdischen Emigranten schon früh die Einwanderung erschwert. Trotzdem war mein Vater nach der Machtübernahme Adolf Hitlers zunächst recht optimistisch und beruhigte uns alle mit seinem: »Stike[27] bis November! Dieser Hitler kann sich nicht lange halten!« Diesen Optimismus sollte er mit dem Leben bezahlen.

Inzwischen war jener November längst vorbei; einige weitere waren ihm gefolgt. Hitler hatte seine Machtposition ausbauen können. Meine Eltern suchten nun verzweifelt einen Weg, Deutschland zu verlassen. Da kam uns der Zufall zugute. Ein Bruder meiner Mutter, mein Onkel Karl[28], der keine Kinder hatte, wollte ein kleines Mädchen adoptieren. Dazu musste er seine »arische« Abstammung nachweisen. In seinem Fall war das mit Schwierigkeiten verbunden, da er und seine vier Geschwister schon ganz jung zu Vollwaisen geworden waren und ihre Kindheit in verschiedenen Familien und Heimen verbracht hatten. Meine Mutter war erst sieben Jahre alt, als ihr Vater[29] starb, und ihre Mutter[30] war da schon seit drei Jahren tot.

Ich weiß heute nicht mehr, wie es meinem Onkel gelang, die Papiere zu beschaffen. Ganz klar in meiner Erinnerung aber ist ein Sonntag im Jahre 1936, an dem wir ihn und meine Tante besuchten. Ich sollte die inzwischen eingetroffenen Dokumente, die in französischer Sprache ausgestellt waren, übersetzen. Sie waren aus dem Elsass eingetroffen, aus einem kleinen Dorf dicht an der Schweizer Grenze mit Namen Pfetterhouse. Meine Verwunderung war groß, als ich las:

Acte de naissance: Célestin Benoit Gerber – Né le: 1er Avril 1858 à Pfetterhouse/Haut-Rhin – Nom du père: Jacques Gerber – Nom de la mère: Agatha Messier.

»Aber euer Vater war ja Franzose!«, rief ich aus. Die Erklärung war sehr einfach: Im Jahre 1871, als Elsass-Lothringen nach dem 1870/71er Krieg deutsch geworden war, war mein Großvater zwölf Jahre alt. Er wurde später zum preußischen Militärdienst eingezogen und landete irgendwann, ich weiß nicht wie, in Berlin. Dort lernte er meine Großmutter kennen, die aus Pommern stammte. Sie heirateten und hatten fünf Kinder[31].

Obwohl meine Mutter sich noch erinnern konnte, dass ihr Vater, ein schöner, stattlicher Mann mit schwarzem Bart, ihnen oft französische Lieder vorsang und kein akzentfreies Deutsch sprach, war sie mit beiden Schwestern und beiden Brüdern als typische Berlinerin aufgewachsen – als richtige deutsche »Arierin«.

Aufgrund der Entdeckung, die wir an diesem Sonntag bei Onkel Karl gemacht hatten, ging ich zum französischen Konsulat. Dort wurde mir eröffnet, dass meine Mutter aufgrund des Versailler Vertrags durch Wiedereinbürgerung die französische Staatsangehörigkeit erlangen könne. Es wurde ein Antrag an das französische Außenministerium in Paris gestellt, auch gleich für mich. Nun mussten wir auf die Antwort warten. Das war 1936 – die Antwort erhielten wir zwei Jahre später.

Meine Mutter erhielt einen französischen Pass[32]. Mein Antrag aber wurde abgelehnt, weil ich nach Abschluss des Versailler Vertrags geboren wurde. Wäre ich 1918 zur Welt gekommen, wäre auch ich eingebürgert worden! Oder aber, wenn ich männlichen Geschlechts gewesen wäre! Der französische Konsulatsattaché begründete diese Maßnahme mit den Worten: »Schade, dass Sie ein Mädchen sind, wir brauchen Kanonenfutter.«

Nun hatten wir eine »echte« Französin in der Familie und konnten unsere Ausreise nach Frankreich vorbereiten.

Aber in welchem Beruf sollte ich mich unterdessen ausbilden lassen? Mein Traum, Medizin zu studieren, war schon lange ausgeträumt. Da ich schon von klein auf zeichnerisch begabt war, beschlossen wir alle zusammen, mich als Gebrauchsgraphikerin ausbilden zu lassen. Wir glaubten damals, dass dieser Beruf auch im Ausland eine gute Verdienstmöglichkeit bieten würde.

Die öffentlichen Kunstschulen blieben mir allerdings verschlossen. So begann ich im Jahre 1936, während ich noch fleißig die Berufsschule besuchte, meine Ausbildung bei dem jüdischen Maler und Graphiker Fred Goldberg[33]. Herr Goldberg hielt sich durch Unterrichten über Wasser, denn er durfte nichts mehr verkaufen. »Jüdisches Geistesgut« durfte nicht an die Öffentlichkeit dringen, wie dies auch für Schriftsteller und Journalisten galt. Wir waren eine Gruppe von fünf jüdischen Schülern, vier Mädchen in meinem Alter und einem älteren Herrn, der häufig Ziel unserer Spötteleien wurde. Ihm fehlte jegliche künstlerische Begabung. Auch er hoffte, im Ausland als Graphiker seinen Unterhalt verdienen zu können.

Der Unterricht fand an zwei Vormittagen in der Woche statt. Zu Hause hatten wir weitere Übungsaufgaben auszuführen. Dieser Zeitplan ermöglichte mir nicht nur den Besuch der Berufsschule, sondern gestattete mir ebenfalls, das Geld für den Zeichenunterricht zu verdienen, indem ich mich jeden Nachmittag um zwei kleine jüdische Mädchen kümmerte. Ich musste sie nach ihrem Mittagsschlaf anziehen, mit ihnen spazieren gehen und ihnen das Abendbrot zubereiten. Die beiden waren reizend. Ich erzählte ihnen Geschichten und zeichnete dazu. Die Mutter aber war eine schwierige Frau. Vielleicht verstand ich damals noch nicht, dass sie sich große Sorgen um die Zukunft machte.

Zu dieser Zeit waren schon viele Juden aus Deutschland ausgewandert. Auch die Eltern meiner kleinen Schützlinge bereiteten ihre Auswanderung nach England vor. Das galt auch für unseren Zeichenlehrer. Seine Schüler waren immer weniger geworden, da auch ihren Eltern die Ausreise geglückt war. Nur die mir liebste Freundin dieser Klasse blieb in Deutschland. Ich habe nie wieder etwas von ihr gehört und wage nicht, mir ihr weiteres Schicksal vorzustellen.[34]

Wir lebten jetzt in unserer Wohnung allein, denn auch mein guter Onkel Paul war inzwischen nach Australien emigriert. Da er dies nicht ohne Unterstützung hatte finanzieren können, hatte er durch Annoncen in einer jüdischen Zeitschrift eine Dame kennen gelernt, die sich in der gleichen Lage befand. Beide hatten etwas Geld, um ein neues Leben in einem so fernen Land aufzubauen. Also heirateten die beiden und emigrierten zusammen. Fritz aber blieb zunächst bei seiner Mutter[35], die von Onkel Paul geschieden war. Der Entschluss, seinen einzigen Sohn zurückzulassen, war meinem Onkel sehr schwer gefallen. Sobald sie eine Unterkunft und Arbeit gefunden hätten, sollte er nachkommen. Es sollte jedoch nie dazu kommen, da inzwischen der Krieg ausgebrochen war.

Im Sommer 1938 wurde uns die Wohnung[36] gekündigt. Man wollte keine Juden im Haus haben! War mein Vater vielleicht auch die Miete schuldig geblieben? Er, der so überkorrekt war – ich kann es mir schwer vorstellen. Aber woher sollte er das Geld nehmen? Es hatte uns nie an etwas gefehlt, aber vermögend waren wir nie und jetzt hatten wir schon viel zu lange keine Verdienstmöglichkeit mehr. Auch das Geschäft meines verstorbenen Großvaters war schon lange »gleichgeschaltet« worden.

Nun mussten wir uns beeilen fortzukommen. Mein Vater, wie immer sehr korrekt, wollte uns erst allein abreisen lassen. In zwei bis drei Monaten wollte er nachkommen, da er noch Steuerschulden zu begleichen hatte. Das hatte ich jedenfalls damals so verstanden.

Wir hatten bereits den größten Teil unserer Wohnungseinrichtung verkauft, auch wertvolle Gegenstände, an denen wir – besonders meine Mutter – sehr hingen. Man erhielt lächerlich wenig dafür, da die Antiquare und Händler die Konjunktur ausnutzten. Also verschenkten wir lieber vieles an die wenigen treuen Freunde, die uns noch geblieben waren: Ein Klavier, für das man uns 20 Mark geboten hatte, mein Fahrrad, für welches man mir nur 5 Mark geben wollte, usw. usw. Nur sehr ungern trennte ich mich von einer kleinen Glasvitrine. Sie war aus Rosenholz und innen mit rotem Samt ausgeschlagen. Meine Großmutter hatte sie mir geschenkt. Ich suche bis heute bei Antiquaren, in Auktionen und Museen nach etwas Ähnlichem, habe aber nie auch nur entfernt Vergleichbares gefunden.

Vom Erlös aller dieser Gegenstände schaffte meine Mutter Kleidung, Bett- und Tischwäsche für uns an. Denn wovon würden wir überhaupt in Frankreich leben?

Und dann geschah das Schreckliche: Am 7. November 1938 erschoss, wie allgemein bekannt, der Jude Herschel Grynszpan den Botschaftssekretär vom Rath in der deutschen Botschaft in Paris. Diese Tat hatte die »Kristallnacht«[37] mit ihren Grausamkeiten zur Folge.

Auch für uns hatte dieses Ereignis schwerwiegende Folgen. Um diplomatischen Unannehmlichkeiten mit Deutschland aus dem Weg zu gehen, verbot die französische Regierung die Einwanderung deutscher Juden nach Frankreich. Folglich verweigerte das französische Konsulat in Berlin meinem Vater und mir das Visum. Was sollte meine Mutter allein in Frankreich? Sie hatte ja nie Französisch gelernt. Außerdem hatte sie in Deutschland nichts zu befürchten, sie war ja Arierin, und niemand wusste, dass sie vor der Heirat zum Judentum übergetreten war.

Unsere Lage erschien hoffnungslos. Verzweifelt liefen wir wieder und wieder zum französischen Konsulat, aber die Antwort blieb die gleiche: »Es tut uns sehr Leid, aber wir haben Anweisungen von oben.«

Unsere Situation war dramatisch. Die Wohnung sollten wir kurzfristig verlassen. Verdienstmöglichkeiten für meinen Vater gab es nicht mehr. Alles war für unsere Ausreise vorbereitet – und jetzt konnten wir nicht fahren.

Wie soll ich je den »Sombre Dimanche«, den trostlosen Sonntag[38], vergessen, an dem meine Mutter und ich voller Verzweiflung den Gedanken fassten, allem ein Ende zu setzen und Selbstmord zu begehen? Aber wie begeht man am besten Selbstmord? Nur mein Vater mit seiner Ruhe und Besonnenheit konnte uns wieder Mut machen. »Selbstmord kann man immer noch begehen«, sagte er, »aber zuerst solltet ihr Montag noch einmal zum Konsulat gehen und, wer weiß, vielleicht hat sich inzwischen etwas geändert!«

Es hatte sich politisch nichts geändert, aber für uns persönlich doch: Die Konsulatssekretärin, die uns mittlerweile gut kannte, hatte Mitleid mit uns. Sie ließ uns warten, bis der letzte Besucher gegangen war. Es war schon zwei Uhr nachmittags, als sie den Konsul nochmals drängte, mit uns eine Ausnahme zu machen. Meine Mutter sei doch Französin und ich noch so jung.

Der Konsul bat uns in sein Büro. »Für Ihren Gatten kann ich leider nichts tun, denn mir sind die Hände gebunden«, sagte er. »Trotzdem werde ich meine Befugnisse überschreiten und Ihrer Tochter ein Visum für einen Monat[39] ausstellen – mehr kann ich nicht tun. Nehmen Sie Ihre Tochter und fahren Sie so schnell wie möglich von hier fort! Wenn Sie erst einmal in Paris sind, können Sie von dort aus Ihren Mann anfordern. Ich garantiere Ihnen, dass er in drei Monaten bei Ihnen sein wird!«

Also hatte mein Vater wieder einmal Recht gehabt mit seinem: »Es wird nichts so heiß gegessen, wie es gekocht wird.« Wir befolgten den Rat des Konsuls und reisten schnellstens ab.

René – ein Blick zurück

Großmutter[40] war im Jahre 1932 gestorben, wodurch ihr viel Kummer erspart blieb. Nun blieben Onkel Paul mit seiner Frau Käte[41] und dem zehnjährigen Fritz allein in der großen Wohnung in der Carmerstraße in Charlottenburg. Die Ehe war nie glücklich gewesen. Tante Käte hatte schon lange die Liebe ihres Lebens gefunden, aber mit der Scheidung bis zu Großmutters Tod gewartet. Nun verließ sie meinen Onkel, dem der Sohn Fritz zugesprochen wurde.

Paul bereiste für die AEG[42] die großen sächsischen Textilfabriken. In der Woche war er nie in Berlin, und das Kind blieb allein. Das Problem wurde gelöst, indem Onkel Paul mit Fritz zum Bruder, Konrad[43] hieß er, von Tante Kätes neuem Mann[44] zog.

Dieser Konrad Kohlmann wiederum lebte mit einer geschiedenen Frau zusammen, die einen erwachsenen Sohn hatte. Der trug den in Deutschland ungewöhnlichen Vornamen René. Die neuen Untermieter waren der Familie eine willkommene finanzielle Hilfe, und Onkel Paul konnte beruhigt seiner Arbeit nachgehen, denn Fritz war hier gut aufgehoben.

Einige Zeit nach der Machtübernahme Hitlers verlor Paul seinen Posten bei der AEG. Die Zeit der Sorgen hatte für die Familie Treuherz begonnen. Paul trat bei einem Vetter[45], der eine Fabrik für Metzgereibedarf besaß, als Vertreter ein und hatte auf diese Weise zunächst eine neue Verdienstmöglichkeit gefunden.

Natürlich lernten wir durch diese Umstände sehr bald die Familie kennen, bei der Paul mit Fritz eine Unterkunft gefunden hatte, und wir wurden Freunde. Oft machten wir am Sonntag gemeinsame Ausflüge in die schöne Berliner Umgebung, und manchmal begleitete uns René[46]. Er schien sich zwar nicht für mich zu interessieren, trotzdem war ich immer enttäuscht, wenn er nicht mitkommen konnte.

René, ein begabter, gut aussehender junger Mann, war Schriftsteller und hatte damals bereits drei Kriminalromane beim Auffenberg-Verlag veröffentlicht. Der Verleger wartete bereits auf den vierten! Dieser sollte jedoch nie erscheinen, denn die Rassengesetze verschärften sich ständig, und René wurde schließlich als Vierteljude aus der Reichspressekammer ausgestoßen. »Jüdisches Geistesgut« dürfte nicht an die Öffentlichkeit dringen, wie Goebbels es formulierte. Renés Vater Rosenberg war Halbjude, René daher »Vierteljude«. Mit seinen blonden Haaren und seinen blauen Augen entsprach René zwar äußerlich dem von den Nazis idealisierten Bild des Ariers, aber selbst ein einziger jüdischer Großvater genügte, um seine Zukunft zu zerstören.

Eines Tages organisierte Onkel Paul mit seinen Gastgebern ein Kostümfest. Nichtariern waren öffentliche Lokale verboten – oder sie waren auf jeden Fall dort unerwünscht. Also versuchte man, sich zu Hause ein bisschen zu vergnügen. Zu diesem Anlass wurden auch meine Eltern eingeladen, und ich durfte mitkommen. Es war mein erstes Fest dieser Art, und ich war sehr aufgeregt. Das Kostüm war ein Problem, also erschien ich in einem einfachen, etwas ausgeschnittenen schwarzen Kleidchen. Sicherlich sah ich nett darin aus, denn die Jugend allein ist schöner als das tollste Abendkleid. René wurde auf mich aufmerksam. Er tanzte den ganzen Abend fast nur mit mir. Zum ersten Mal trank ich etwas Alkoholisches und war sehr beschwingt. Es war ein fröhliches Fest. Noch ahnten wir nicht, wie schnell uns das Lachen vergehen sollte.

René hatte die beste Schule besucht, die Herder-Schule in Berlin-Westend, auf die viele Söhne prominenter Eltern gingen, auch Diplomatensöhne, die angeblich mit schneidigen Sportwagen zur Schule fuhren. Dieser Umgang schadete ihm insofern, als er ihnen nacheifern wollte und Bedürfnisse entwickelte, die seinem sozialen Stand nicht entsprachen. Damals imponierte er mir sehr.

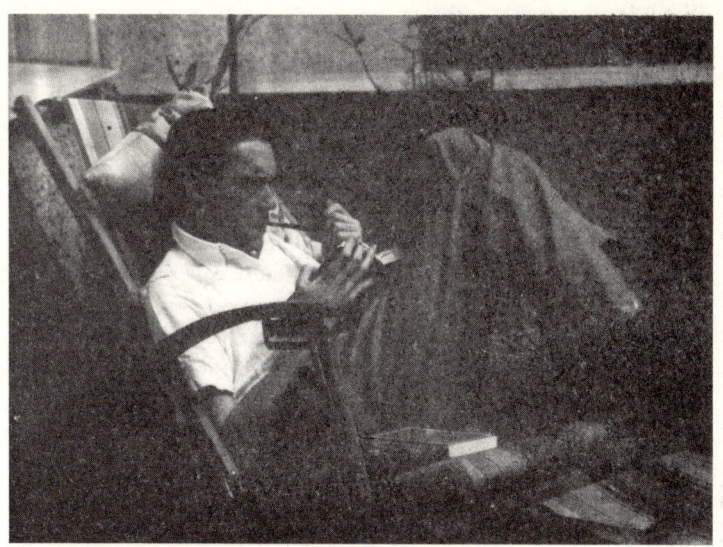

Der Verlobte der Autorin, René Rosenberg, Berlin-Gatow, 1936
(aus dem Archiv der Autorin).

René hatte sich in mich verliebt. Von nun an sah ich ihn häufig. Er war belesen, spielte gut Klavier, tanzte phantastisch, sah blendend aus und war aufmerksam und liebevoll. Besonders beeindruckte mich, dass er recht gut Englisch sprach. Er hatte häufig Gelegenheit dazu, denn die Mutter seines Freundes, Sohn des Direktors des Berliner Zeughauses, war Engländerin. Zu Hause wurde dort nur Englisch gesprochen. René erzählte mir, dass der Herr Direktor mit den Jungen manchmal Schlachten mit kostbaren Zinnsoldaten in historischen Uniformen nachspielte und die Knaben dabei sehr viel lernten.

Ich selbst lernte erst seit zwei Jahren Englisch in der Schule – unsere erste Fremdsprache war Französisch. Unter Renés Einfluss machte ich plötzlich so erstaunliche Fortschritte, dass Roggenstroh mich fragte, ob ich Nachhilfeunterricht habe. Wir gingen möglichst nur in amerikanische und englische Filme, natürlich in die Originalfassung, und René empfahl mir englische Literatur.

Zu dieser Zeit besaß Onkel Paul noch einen alten gebrauchten Hanomag, der mehr einem Kleiderschrank als einem Auto glich. Konrad dagegen, der beim Reichsverband der Automobilindustrie[47] tätig war, fuhr immer die letzten Modelle, zu der Zeit einen Fiat und danach einen Lancia, aber es waren natürlich nicht seine eigenen. Paul, Renés Mutter Lizzi, Konrad und René beschlossen, sich ein paar Tage Erholung zu gönnen und in den Harz zu fahren, nach Laubhütte bei Bad Grund. Ein paradiesisches Fleckchen Erde! Auf Onkel Pauls eindringliches Bitten hin durfte dann auch ich mitfahren. Es waren herrliche Tage, noch ahnten wir nicht, was uns bevorstand.

Eines Abends, als wir alle zusammen in Bad Grund gewesen waren und die anderen mit dem Auto nach Laubhütte zurückfuhren, beschlossen René und ich, den Weg über den Berg zu Fuß zurückzulegen. Auf halbem Wege fanden wir eine Bank, die eine herrliche Aussicht über das Tal und die Berge bot. Zudem schien der Mond. Eine sehr romantische Kulisse. Da ergab es sich ganz natürlich, dass er mir seine Liebe gestand. Ich war beglückt. Und wir betrachteten unser Einverständnis als unsere Verlobung. Da ich aber noch nicht einmal 16 Jahre alt war und noch zur Schule ging, wollten wir den Entschluss vorläufig noch vor unseren Eltern geheim halten.

Einen Verlobungsring konnte René mir nicht kaufen, er verdiente nichts mehr, seit ihm die Veröffentlichung seiner Romane untersagt worden war. Außerdem war es ja unser Geheimnis. Ich stöberte jedoch einen Gardinenring auf, den man für einen Ehering halten konnte, und trug ihn in der Schule, wo ich ihn während des Unterrichts oft verstohlen betrachtete. René konnte das Geheimnis nicht lange wahren. Eines Tages gab er es meiner Mutter preis, zu der er ein gutes Verhältnis hatte. Verständlicherweise war sie nicht entzückt und wies ihn darauf hin, dass ich ja noch ein Kind sei. Er versprach ihr hoch und heilig, dies nie zu vergessen, mich zu respektieren und zu beschützen.

Bald wurde allen klar, wie ernst wir es meinten. Trotzdem belächelten sie uns: »Das sind doch nur Kindereien, daraus kann nie etwas werden!« Renés Mutter Lizzi war zwar nett zu mir, wünschte mich aber wohl heimlich zum Teufel. René stand zu mir, auch als sich die Lage immer mehr zuspitzte und wir schließlich die Emigration ernsthaft ins Auge fassen mussten. Er besuchte uns auch dann noch, als Besuche in jüdischen Haushalten längst gefährlich geworden waren.

Auch Onkel Paul konnte bald nicht mehr bei Lizzi wohnen; es bestand die Gefahr, wegen Rassenschande[48] angezeigt zu werden. Wie erwähnt, zog er also mit Fritz zu uns, nachdem uns alle Untermieter verlassen hatten.

René suchte keine Arbeit. Er rechtfertigte diese Haltung damit, dass er in einem Büro versauern würde und nie wieder in seinen Beruf als Schriftsteller zurückkehren könne. Trotz meiner Jugend und Unerfahrenheit missfiel mir diese Einstellung sehr. Ich sah doch, wie er sich von seiner Mutter ernähren ließ und dabei große Ansprüche stellte. Er rauchte nur Dunhill-Zigaretten und kleidete sich bei englischen Schneidern ein. Schließlich stellte ich ihm ein Ultimatum: Wenn er in einem Monat keine Arbeit gefunden hätte, würde ich mich von ihm trennen. Das half. Ich weiß nicht wie, aber er fand eine Anstellung als Journalist bei der Associated Press[49].

Eines Tages brachte er uns ein Exemplar der Zeitschrift »Am Heiligen Quell« (herausgegeben von General Ludendorff[50] und von Hitler geduldet) mit. Daraus las er uns folgende Heiratsannonce vor, die den Zeitgeist so typisch charakterisiert, dass ich sie bis heute noch im Gedächtnis behalten habe: »Deutsche Frau, artrein und blutsauber, von perlendem Weibtum, geschlechtserschlossen und sittenverwurzelt, sucht Weggenossen zum Werken an Deutscher Zukunft.«

Mit unserer Abreise war auch die Stunde der Trennung von René gekommen, sie war schmerzlich. Aber auch er wollte bald nachkommen. Da er bisher nicht als Jude galt, waren wir zuversichtlich, dass es ihm gelingen würde.

Die Reise nach Paris

Als letztes Bild von Berlin ist mir das meines Vaters, meines heiß geliebten Päpschen, in Erinnerung geblieben, der am Bahnhof steht und winkt. Seine letzten Worte waren:

»Auf Wiedersehen in Paris!«

Der Abschied war schmerzlich, aber es ging in die Freiheit, und wie der französische Konsul uns versichert hatte, würde mein Vater in spätestens drei Monaten bei uns sein.

Endlich saßen wir im Zug. Ich fühlte mich wie ein Vogel, dem man den Käfig geöffnet hatte. Heute erst verstehe ich, was meine Mutter in diesem Augenblick empfunden haben muss. Ich war noch nicht neunzehn Jahre alt, das Leben lag vor mir. Sie war damals dreiundfünfzig. Sie fuhr nicht in die Freiheit, sondern ins Ungewisse, in ein Land, das sie nicht kannte. Sie beherrschte die Sprache nicht und hatte kein Geld, denn wir durften nur 15 Mark pro Person mit uns nehmen[51]. Sie reiste zum ersten Mal allein ohne den geliebten Mann, erstmals getrennt in ihrer siebenundzwanzigjährigen Ehe. Und war es denn sicher, dass sie ihn bald wieder sehen würde? Ich habe ihr nichts angemerkt, ich war viel zu sehr mit mir selbst beschäftigt.

Meine Mutter wollte, bevor wir Deutschland endgültig verließen, noch einmal ihre beste Freundin, für mich »Tante Herma«, besuchen. Sie wohnte in Koblenz, und so machten wir dort für eine Woche Aufenthalt. Die beiden Frauen waren glücklich, sich endlich einmal wieder zu sehen. Sie redeten unentwegt. Tante Herma sah in mir ihre achtzehnjährig an Tuberkulose verstorbene Tochter Gudrun. Sie hatte diesen frühen Tod nie verwinden können, hatte darüber fast den Verstand verloren. Inzwischen waren lange Jahre vergangen und sie hatte sich beruhigt. In Gudruns Zimmer aber war alles so geblieben, wie es einmal gewesen war. Nichts wurde verändert. Mir war immer unheimlich zumute, wenn ich daran vorbeiging.

Als Tante Herma mir vorschlug, ins Koblenzer Casino zu gehen, wo am Wochenende getanzt wurde, war ich überglücklich. Uns Juden war doch der Zutritt zu allen Lokalen verboten. Wer aber kannte uns in Koblenz? Wir waren Gäste aus Berlin, Freunde von Herrn und Frau Temme, und niemand kümmerte sich um uns.

Voll freudiger Erwartung zog ich los, allein mit Tante Herma. Meiner Mutter war nicht nach Tanzlokalen zumute, und Tante Hermas Mann blieb sowieso viel lieber zu Hause. Die Kapelle begann zu spielen, und schon näherte sich ein großer junger Mann mit blonden Haaren und forderte mich zum Tanzen auf. Ich tanzte leidenschaftlich gern, und er war ein guter Tänzer. Tante Herma freute sich, dass auch ich mich endlich vergnügen durfte.

Doch plötzlich sagte mein Partner zu mir: »Ich kenne Sie, Sie heißen Treuherz, wohnen bei Temmes und sind aus Berlin.« Ich wurde kreidebleich, der Boden schwankte mir unter den Füßen. »So«, dachte ich, »also hat die Gestapo[52] uns bis hierher verfolgt! Wir sind verloren!« Ich versuchte, mir nichts anmerken zu lassen. »Woher wissen Sie denn das?«, fragte ich so beherrscht wie möglich. »Raten Sie mal!« Wie sollte ich das erraten? Sollte ich ihm sagen: »Sie sind von der Gestapo.«? Ich ging auf sein Spiel ein. Aber wie konnte ich ihm trauen? Nach einer Weile gab er es auf und platzte lachend heraus: »Ich bin Briefträger und habe Ihnen heute früh Post gebracht! Da habe ich Sie gleich bemerkt und mir Ihren Namen eingeprägt. Sie waren im Garten. Was für ein schöner Zufall, dass wir uns heute Abend hier getroffen haben.« Mir zitterten noch die Knie, als er mich zu Tante Herma zurückführte. Sie hatte beobachtet, wie ich erbleicht war, und wirkte auch sehr erschrocken. Nachdem ich ihr kurz erklärt hatte, was passiert war, wollten wir nur noch zurück nach Hause. So täuschte Tante Herma Müdigkeit vor, und wir verließen den Saal.

Unser Aufenthalt näherte sich seinem Ende. Als wir am 30. November 1938 in Koblenz den Zug bestiegen[53], wussten wir, dass wir Deutschland vielleicht auf immer den Rücken kehren würden.

»Nun adé, du mein lieb Heimatland.« In Saarbrücken hatte der Zug fünfzehn Minuten Aufenthalt. Passkontrolle! Nachdem unsere Pässe geprüft worden waren, befahl man uns, mit dem gesamten Gepäck auszusteigen. Wir wurden in einen Raum geführt und untersucht. Leibesvisitation – und das mit deutscher Gründlichkeit. Hatten wir doch vielleicht in einer anatomischen Öffnung Diamanten versteckt? Oder Geld? Als nichts zutage gefördert wurde, entließ man uns ohne weiteren Kommentar. Der Zug aber hatte nicht auf uns gewartet.

Drei Stunden später fuhr der nächste Zug nach Paris. Jetzt war die französische Grenze nicht mehr fern.

In Forbach, als ich neugierig aus dem Fenster guckte, sah ich französische Soldaten, die mir fröhlich zuwinkten. Ich fühlte, hier weht eine andere Luft, und lächelte zurück. »Kommen Sie, Mademoiselle, wir wollen ein Foto mit Ihnen machen, der Zug hat eine Viertelstunde Aufenthalt!« Meine Mutter erlaubte es mir, und ich lief schnell auf den Bahnsteig. Die Soldaten in ihren graublauen Uniformen gruppierten sich um mich. So entstand mein erstes Foto in Frankreich. Dann stieg ich schnell wieder ein. Der Zug setzte sich in Bewegung, die Soldaten lachten, winkten und riefen mir nach. Ich war nun wirklich der Vogel, dem man den Käfig geöffnet hatte!

Onkel Erich in Paris

Mein Vater war der dritte von vier Brüdern[54], Erich[55] der älteste. Er hatte ein langes Studium an der Technischen Hochschule in Berlin absolviert und war dann Regierungsbaumeister geworden. Mit seiner Frau Jenny hatte er in Köln gelebt und Abwasserkläranlagen gebaut. 1933 wurde er sofort aus dem Staatsdienst entlassen und beschloss auszuwandern. Zu Beginn des Naziregimes war die schrittweise Enteignung der Juden nicht so gut organisiert. Damals durften Emigranten noch Geld und Wertgegenstände mitnehmen.

Onkel Erich wanderte zunächst allein nach Spanien aus. Sobald er eine Unterkunft und Existenzmöglichkeit gefunden hatte, sollte Tante Jenny ihm folgen. Ihr labiler Gesundheitszustand ließ zunächst keine Reise zu. Bis dahin sollte sie jeden Monat die damals noch erlaubte Geldsumme überweisen. Erich begann einen kleinen Handel mit kosmetischen Artikeln. Tante Jenny schickte den monatlichen Zuschuss, besuchte ihn auch ein- oder zweimal. Es sah so aus, als könne sie nun bald endgültig nachkommen. Da brach der Spanische Bürgerkrieg[56] aus.

Onkel Erich floh nach Portugal. Er hatte alles zurücklassen müssen. In Portugal ernährte er sich mühsam mit Deutschunterricht. Wie er das zustande brachte, ist mir nicht klar, denn er stotterte. Tante Jenny besuchte ihn auch dort, brachte etwas Geld und Schmuck, fuhr aber sehr entmutigt zurück. Diese Armut war nichts für eine alternde, an geregelte Verhältnisse gewöhnte Frau mit schwacher Gesundheit.

Und dann musste Erich nochmals fliehen, weil ein Attentat auf den damaligen portugiesischen Staatschef[57] verübt worden war, was die Ausweisung sämtlicher Ausländer aus Portugal zur Folge hatte. Hier kam ihm ein glücklicher Zufall zu Hilfe. Er hatte die Bekanntschaft des französischen Konsuls in Lissabon gemacht. Dieser besorgte ihm ein Visum nach Frankreich. So landete Onkel Erich einige Zeit vor uns in Paris. Wir hatten dadurch wenigstens eine Anlaufstelle in der fremden, großen Stadt.

Onkel Erich sollte uns am Pariser Gare de l'Est abholen und in das kleine Hotel, das er im Quartier Latin bewohnte, bringen. Wir aber erreichten Paris mit so großer Verspätung, dass wir uns verpassten. Ein netter Offizier erklärte mir den Weg zum Hotel. Wir mussten die Métro nehmen. Zweimal umsteigen mit unserem ganzen Gepäck! Meine Mutter trug sogar unser schweres Plätteisen mit sich herum. Die Métro schien rasend schnell zu fahren. Die Türen gingen auf und gleich wieder zu. Ich war in Panik, dass wir nicht schnell genug aussteigen könnten, bis ich die Namensschilder jeder Station entziffert hatte. Dagegen war die Berliner U-Bahn eine »Nuckelpinne«. Aber wir schafften es.

Jetzt standen wir auf der Straße und atmeten die Pariser Luft. Am Place Maubert spazierte sogar eine Gans auf dem Trottoir herum. Sie gehörte zu einem der großen Delikatessengeschäfte dort. Wir waren erschöpft und übermüdet und hatten es eilig, endlich unsere neue Unterkunft zu erreichen. Ich fragte einen Passanten nach der Rue Laplace. Er erklärte es mir ausführlich, aber die Straße schien unauffindbar. Wir landeten am Place de la Contr'Escarpe. Dort fragte ich wieder. Nach einer Weile kamen wir erneut zu diesem Platz. Ein Albtraum. Uns verließ der Mut, wir waren am Ende unserer Kraft und den Tränen nahe. Schließlich führte uns eine nette Dame, die unsere Verzweiflung sah, zur Rue Laplace.[58]

Später fand ich die Erklärung für unser Im-Kreis-Herumgehen: Ich hatte zwar in der Schule gelernt, was rechts und links heißt: *à droite* und *à gauche*. Was man jedoch vergessen hatte, uns beizubringen, war »geradeaus«, was im Französischen mit *tout droit* zu übersetzen ist. Jedes Mal also, wenn man mir sagte, ich solle *tout droit* gehen, verstand ich *à droite* und ging nach rechts anstatt geradeaus.

Die Rue Laplace

Nun hatten wir endlich unser Ziel erreicht. Dort herrschte große Aufregung. Onkel Erich rannte seit Stunden in dem winzigen Empfangsraum des Hotels umher und glaubte schon, es sei uns etwas zugestoßen. Auch die Hotelbesitzerin war sichtlich erleichtert, als wir erschienen. Wir fielen uns in die Arme und mussten erst einmal berichten. Die Besitzerin – darauf besinne ich mich noch heute – rief aus: »Aber Herr Treuherz, Ihre Nichte spricht ja besser Französisch als Sie!« Dazu gehörte allerdings wohl nicht viel.

Die Rue Laplace war so schmal, dass man vom Fenster aus eine Leine zum gegenüberliegenden Fenster spannen konnte, um Wäsche aufzuhängen. So etwas gab es in ganz Berlin nicht. Einen Fahrstuhl besaß das kleine Hotel natürlich nicht. Ich vermied es, das Geländer zu berühren, um mich nicht an einer schlimmen Krankheit wie Syphilis anzustecken. Ich ekelte mich. Die Toiletten lagen in den Zwischenstockwerken. Es waren Stehklosetts à la turque, wie man sie in Frankreich nennt. Heute verstehe ich, dass diese Art von Toiletten im Grunde hygienischer als Sitzklosetts ist. Damals waren sie für mich einfach scheußlich. Die Männer, denen ich manchmal auf der Treppe begegnete, erschienen mir alle verdächtig. Dabei waren es meistens arme Studenten.

In unserem kleinen Zimmer bereitete meine Mutter unsere Mahlzeiten zu, die wir zusammen mit Onkel Erich einnahmen. Wie sie das zustande brachte, weiß ich nicht mehr. Wir aßen wohl hauptsächlich Stullen mit einer warmen Tasse Kaffee oder Tee. Vielleicht auch mal eine einfache Suppe? Jedenfalls erinnere ich mich, dass Mutti uns einen Grießpudding machen wollte. Das war etwas Nahrhaftes, Billiges und Schmackhaftes und konnte auch warm gegessen werden. Sie schickte mich also los, Grieß zu kaufen. Wie hieß das aber auf Französisch? Onkel Erich wusste es auch nicht, fand aber im Wörterbuch für Grieß das Wort gravelle. Also zog ich los, um ein halbes Pfund gravelle zu kaufen. Die Verkäuferin blickte mich verständnislos an. Ich versuchte, zu erklären, was man damit macht, aber ohne Erfolg. Kein Wunder: Gravelle bedeutet, stattdessen Nieren- oder Blasengrieß. Die Franzosen essen keinen Grießpudding. Sie machen wohl mal einen Kuchen daraus im Ofen, gâteau de semoule genannt.

Der Wurstverkauf

Onkel Erich hätte sicherlich besser zum Kaufmann als zum Techniker getaugt, denn er hatte einen angeborenen Geschäftssinn. Dies war nun seine dritte Emigration, und er hatte inzwischen alles, was er noch besessen hatte, verloren. Immerhin war es ihm gelungen, eine kleine Erwerbsmöglichkeit zu finden. Die Emigranten, die wie wir nichts mehr besaßen, wurden von einem amerikanischen Wohlfahrtskomitee, dem Joint[59], unterstützt. Dort erhielt jeder einmal in der Woche eine kleine Summe. »Zum Leben zu wenig, zum Sterben zu viel«, sagte man. Auch uns führte mein Onkel dorthin, sodass wir uns zunächst über Wasser halten konnten. Er selbst hatte dort einen Metzger aus Frankfurt kennen gelernt, dem es gelungen war, eine kleine Wurstfabrik zu eröffnen. Die Emigranten vermissten die gute deutsche Wurst, und so hatte er schnell Kundschaft gefunden.
Onkel Erich machte sich jeden Morgen sehr früh auf den Weg zu der kleinen Wurstfabrik und kaufte dort verschiedene Waren. Er zog von Haustür zu Haustür, um die Ware zu verkaufen. Neben Wurst bot er auch Schokolade, Tee und Kaffee an. Mit dieser Arbeit verdiente er wieder genug, um sein Zimmer und Essen zu bezahlen. Der hausierende Regierungsbaumeister wurde meistens freundlich aufgenommen, und nach und nach kannte man ihn in Emigrantenkreisen. Sein Kundenstamm wuchs stetig. Am Abend wurden die

Würste, von denen er nur ein Stück verkauft hatte, mit der Schublehre gemessen und ihr Gewicht errechnet. Eine Waage konnte er sich noch nicht leisten.

Schon am dritten Tag nach unserer Ankunft drückte Onkel Erich mir einen Koffer mit bestellter Ware, die ich ausliefern sollte, in die Hand. Er schrieb mir die Adressen und Métrostationen auf. Ich musste vor 8 Uhr morgens abfahren, denn da bekam man ein billiges Aller-Retour-Billet, und jeder »Groschen war für uns ein Taler«. Da ich keine Arbeitserlaubnis, sondern nur provisorische Aufenthaltspapiere besaß, warnte Onkel Erich mich vor den Polizisten und vor dem Zoll. Es gab damals noch eine Steuer auf Handelsgüter, die man über die Stadtgrenze brachte, und mehrere seiner Kunden wohnten jenseits dieser Grenze. An Bezahlen war bei dem geringen Verdienst nicht zu denken, also durfte man mit dem Köfferchen nicht auffallen.

Ich kannte mich schnell mit dem Streckennetz der Métro aus. In kürzester Zeit erreichte man jede Stelle in Paris und näherer Umgebung. Heute erscheint das natürlich selbstverständlich, damals aber war es eine geniale Erfindung. Sehr bald überließ mir mein Onkel alle seine kleinen und oft schlecht zahlenden Kunden. Am unzuverlässigsten waren die Künstler, Maler, Zeichner und Fotografen. Da ich selbst aber ausgebildete Graphikerin war, verstand ich mich mit einigen Kunden bald sehr gut. Und manches Stückchen Wurst verschwand, ohne dass Onkel Erich es merkte. Trotz Schublehre. Manchmal taten sie mir einfach zu Leid.

Was die Polizei betraf, so waren Onkel Erichs Sorgen überflüssig. Ich sah ja hauptsächlich Verkehrspolizisten. Allerdings ängstigte ich mich vor jedem Uniformierten, dieses Gefühl verfolgte mich noch aus Deutschland.

Wenn ich einen Schutzmann sah, ging ich mit dem verdächtigen Köfferchen in der Hand auf ihn zu und fragte ihn nach einer Straße und bekam immer eine freundliche Antwort von den meist jungen, nett aussehenden Polizisten. In dieser Zeit hatte ich großen Erfolg bei Busfahrern und Verkehrspolizisten. Langsam arbeitete ich mich in meinen neuen Beruf ein.

Meine Mutter fand auch eine Beschäftigung. Onkel Erich brachte ihr Flickarbeiten von seinen Kunden nach Hause, und da sie diese schnell und sorgfältig ausführte, konnte sie bald etwas Geld dazuverdienen.

Während dieser ersten Wochen musste ich mich um meine Aufenthalts- und Arbeitserlaubnis kümmern. Da Frankreich zu dieser Zeit schon lange voller Emigranten aus allen Ländern war, war die Behandlung, die uns die Beamten zukommen ließen, denkbar unfreundlich. Ich erhielt zunächst nur eine Aufenthaltserlaubnis für drei Monate. Jeder Gang zum Polizeipräsidium (Préfecture de Police) war »ein Gang nach Canossa«. Jedes Mal bangte man, dass die Aufenthaltserlaubnis nicht verlängert würde. An eine Arbeitserlaubnis war gar nicht erst zu denken. Man wurde von einer Behörde zur anderen geschickt und kam jedes Mal etwas deprimierter zurück. Dass in Frankreich der Brauch »glisser la pièce« (das Geldstück gleiten lassen = schmieren) Türen öffnet, wussten wir nicht, denn in Deutschland wurde Beamtenbestechung mit Gefängnis bestraft. Abgesehen davon hatten wir auch keine Geldstücke, die wir hätten gleiten lassen können. Leider sollte das auch für das Nachkommen meines Vaters eine große Rolle spielen.

Avenue de Corbéra

Das Leben aus den Koffern in unserem kleinen Hotelzimmer war recht deprimierend und umständlich. Obwohl das Hotel nicht teuer war, erschien es uns vorteilhafter, eine kleine Wohnung zu mieten, in der wir zu dritt unter menschlicheren Umständen leben konnten. Der Entschluss war schnell gefasst, und wir machten uns auf die Wohnungssuche. Eine Bedingung stellte ich: Die neue Wohnung sollte ein Badezimmer haben, alles andere war mir nicht wichtig. Damals galt das in Frankreich noch als Luxus, den sich nicht jeder leisten konnte. Man wusch sich meistens in der Küche und ging einmal in der Woche in eine öffentliche Badeanstalt. In vielen Häusern befanden sich die Toiletten auf dem Treppenabsatz zwischen den Etagen. Diese Bedingungen waren mir schwerer erträglich als hungern.
Unsere finanzielle Lage hatte sich etwas gebessert. Onkel Erich hatte durch meine Mitarbeit mehr Zeit, neue Kunden zu werben, und meine Mutter trug durch ihre Flickarbeiten etwas zum Budget bei. Das Komitee half uns weiterhin mit dem wöchentlichen Zuschuss.

Wir fanden bald etwas Passendes in einer kleinen Straße mit nur vierzehn Hausnummern, die sich Avenue de Corbéra[60] nannte. Ein spanischer Architekt hatte die Häuser erbaut. Sie glichen sich alle, die Fassaden waren rosa gestrichen, und mir schien, dass sogar der Asphalt rosa war. Natürlich war die Gegend nicht so interessant wie das Quartier Latin, ein sehr lebhaftes Viertel, mit der Sorbonne und den großen berühmten Schulen, wie dem Lycée Henry IV., der Ecole Polytechnique und dem Luxembourg-Garten, einem der schönsten Gärten von Paris. Am meisten vermisste ich abends den Blick vom Platz vor dem Jardin du Luxembourg, vor mir die Rue Soufflot, am Ende das Panthéon, weiß leuchtend und perfekt in seiner Form, links davon die kleine, der heiligen Genoveva gewidmete Kirche[61].

Aber man kann eben nicht alles haben und wir waren glücklich, in die Avenue de Corbéra, die in der Nähe des Gare de Lyon liegt, einziehen zu können. Das Haus hatte – ganz feudal – einen Fahrstuhl und eine kleine Telefonzelle, von der man mit einem *Jeton* telefonieren und sich auch anrufen lassen konnte. Wenn das Telefon klingelte, rief der Concierge die Namen über den ganzen Hof.

Die kleine Wohnung lag im 5. Stock. Man kam in einen langen Gang. Im ersten Zimmer auf der linken Seite war das Badezimmer. Es war zwar sehr klein, enthielt aber alles für mich Unentbehrliche: Badewanne, Waschbecken, Klo und ein großes Fenster. Direkt daneben lag die Küche, ein sehr kleiner Raum mit Kochgelegenheit und einem Tisch. Außer der Köchin konnte sich dort niemand aufhalten, es war viel zu eng. Natürlich gab es auch eine Spüle. Die Lebensmittel wurden in einem Verschlag unter dem Fenster aufbewahrt. Da wir sowieso keine Vorräte besaßen, war das für uns kein Problem. Durch die dritte Tür auf der linken Seite kam man in das Wohnzimmer. Ein Raum von ungefähr $16\,m^2$, der meiner Mutter und mir als Schlafzimmer und uns allen dreien als Esszimmer diente. Das Zimmer meines Onkels lag direkt hinter unserem Zimmer und war auch fast so groß. Damit war das Ende des langen Korridors erreicht. In der Mitte des Korridors gab es noch eine Tür, hinter der sich ein Abstellraum verbarg.

Diese kleine Wohnung wurde unser Heim. Es war ein richtiges Zuhause, in dem wir manche fröhliche und viele tragische Stunden erlebt haben. Noch in Berlin hatten meine Eltern das zum täglichen

Die Autorin und ihre Mutter 1939 in der Wohnung,
3 Avenue de Corbéra, Paris 12ᵉ.
An der Wand ein Bild des in Berlin zurückgebliebenen Vaters
(aus dem Archiv der Autorin).

Leben Notwendigste unter unseren Möbeln ausgewählt. Der Transport durch einen Spediteur war uns von den Behörden genehmigt worden. Meine Mutter konnte sich von ihrem Silberkasten und dem Porzellan nicht trennen. Da es sich um Gebrauchsgegenstände handelte, erhielten wir auch für diese eine Genehmigung, außerdem für etwas Schmuck, der aber erst geschätzt werden musste.

Das Zollamt

Nach dem Einzug in unsere Wohnung schliefen wir zunächst auf dem Boden, bis das Versandgut verzollt war. Ein Bekannter meines Onkels, ein Jude aus Tunesien, war uns bei Behördengängen behilflich. Er verdiente sich in Paris mühsam seinen Lebensunterhalt als Buchhalter. Robert sprach Arabisch und vor allem fließend Französisch. Er ging mit mir zum Zollamt. Den französischen Pass meiner Mutter nahmen wir mit. Sie selbst sprach ja kein Wort Französisch und blieb zu Hause. Dem Zollbeamten schilderte er ein herzzerreißendes Bild unserer Lage. Die Zustände in Deutschland, die arme Frau, die ihren Ehegatten zurücklassen musste – ohne Geld – eine junge Tochter, es war ergreifend. Der Beamte hörte mitfühlend zu. Da standen nun die paar Kisten, die unsere dürftige Habe enthielten, sowie eine hohe, weiße Kommode, in deren Schubfächern meine Mutter unsere gesamte Tisch- und Bettwäsche verstaut hatte. Darin hatte sie auch unser Silber eingewickelt, zwei Leuchter, eine Schale und das komplette Besteck.
Als der Beamte die Bestecke aus der Kommode herauszog, bemerkte er, dass sie aus Silber seien. Sie trugen alle den deutschen Silberstempel. »Ach wo«, sagte Robert, »die sind doch nicht echt, die sind doch nur versilbert!« Woraufhin ich voller kindlicher Empörung protestierte: »Doch, das ist echtes Silber!« Robert, der zum Glück einen Fünf-Franc-Schein, damals noch viel Geld, zum Vorschein brachte, trat mir kräftig auf den Fuß. Da schwieg ich betreten. Der Zollbeamte ließ das Geld in seiner Tasche verschwinden, füllte die nötigen Dokumente aus, und unser kleiner Hausrat konnte in die Avenue de Corbéra überführt werden.
Zwei Sprungfedermatratzen, an die man hölzerne Klötze als Füße anschrauben konnte, dienten als Betten, eines für Erich, eines für

uns. Die große Kommode leistete uns unbezahlbare Dienste, und es gab noch einen Kleiderschrank, der sehr geräumig war. Aber uns fehlten Tisch und Stühle.

Onkel Erichs Kunden halfen uns. Wir bekamen zwei Stühle, die allerdings durchgesessen waren. Die Sitze vernagelten wir mit einem Brett und legten Kissen darauf. Mutti verstand es, Gemütlichkeit (ein Wort, das in der französischen Sprache fehlt) zu schaffen. Wir besaßen zwar keine Möbel, dafür aber Kissen, Decken, Gardinen, einen Teppich und einige Gegenstände, die eine heimatliche Atmosphäre schafften. Jemand schenkte uns noch einen kleinen, grau gestrichenen Schrank, der allerdings nur zu schließen war, wenn man ein Papier zwischen die Türen klemmte. Jetzt fühlten wir uns fast zu Hause und lebten sichtlich auf.

In der ersten Zeit lernten wir einige nette Menschen kennen, meistens im Komitee. Mir fehlte allerdings eine gleichaltrige Freundin, und an den Sonntagen fühlte ich mich oft einsam und traurig.

Eines Tages kam meine Mutter ganz verstört von ihrem wöchentlichen Besuch beim Komitee nach Hause. Sie hatte dort eine Dame[62] aus Berlin kennen gelernt, die ihr sympathisch war. Diese Frau hatte ihr anvertraut: »Heute Abend mache ich Schluss. Ich bin am Ende meiner Kraft und habe keinen Lebenswillen mehr.« Ihr Schicksal war tragisch genug: Der Mann war vor nicht langer Zeit gestorben. Wie wir hatte sie alles zurücklassen müssen. Mit ihrem einzigen Sohn hatte sie kein enges Verhältnis und wusste nicht einmal, wo er sich zur Zeit befand. Sie war sehr deprimiert und fest entschlossen, den Gashahn aufzudrehen. Meine Mutter hatte ihre ganze Kraft und Überredungskunst aufgebracht, sie davon abzubringen. Nach diesem Gespräch sah sie die Frau nicht wieder.

Mit Hilfe der Einnahmen aus unserem Wurstverkauf konnte ich es mir sogar leisten, einmal pro Woche in die Grande Chaumière in der Rue Vavin am Montparnasse zu gehen. Gegen eine geringe Gebühr konnte man dort eine Stunde lang Akt zeichnen, allerdings ohne Anleitung. Das Modell stand, saß oder lag vor uns, und ab und zu wurde die Position gewechselt. Durch diese Stunden blieb ich in Übung.

Nach der Zeichenstunde reichte es noch für einen Kaffee am »Zinc«, der Theke im Café du Dôme, wo sich damals alle berühmten Künstler trafen, so auch Lou Albert-Lasard[63], Malerin und einstige Geliebte Rainer Maria Rilkes, die ich später unter traurigen Umständen noch einmal traf. Sie war eine auffallende Erscheinung: knallrot gefärbtes Haar, Kopftuch, bunte Künstlerkleidung und ein Holzbein, das sie ohne Komplexe zur Schau stellte. Es war ein ganz primitives Holzbein ohne Fuß. Sie sah fast aus wie ein Pirat. Für mich war das Café du Dôme ein faszinierender Ort.

Päpschen

In dieser recht schweren Zeit der Eingewöhnung, in der wir täglich ums Überleben kämpften, waren jedoch die Sorge um meinen Vater und die Sehnsucht nach ihm das Allerschlimmste.
Onkel Erich war ein sehr anständiger Mensch, bislang kannten wir ihn kaum, denn er hatte in Köln gelebt und wir in Berlin. Er war ein ganz anderer Typ als Päpschen – vor allem fehlten ihm dessen Witz und Charme und seine Ruhe und Gelassenheit. Aber was wäre überhaupt ohne Onkel Erich aus uns geworden?
Gleich nach unserer Ankunft in Paris hatten wir beim Außenministerium den Antrag zur Einreiseerlaubnis für meinen Vater gestellt. Die vom Konsul in Berlin angekündigten drei Monate waren längst verstrichen, aber wir erhielten keinen Bescheid.
Wir korrespondierten fast täglich mit meinem Vater, der inzwischen in den Berliner Stadtteil Witzleben übergesiedelt war, wo man ihm bei einer jüdischen Familie ein Zimmer zugewiesen hatte. Ich weiß gar nicht, wovon er in dieser Zeit lebte. Ab und zu schickten wir ihm ein Lebensmittelpaket. Er hatte es viel schwerer als wir, denn er war doch noch in den Klauen der Nazis und allein bis auf ein paar Kontakte von früher, die auch immer weniger wurden. Trotzdem war er es, der uns Mut zusprach und mir dankte, dass ich mich so gut um die Mutter kümmerte. Wir hätten ihm so gerne die Papiere zugesandt, die es ihm ermöglicht hätten, zu uns zu kommen, aber es geschah nichts!
Durch Onkel Erichs Freund Robert schöpften wir neue Hoffnung. Er erklärte uns, dass es in Paris in jedem Bezirk einen Abgeordneten gebe, der einmal in der Woche Anwohner empfing, die in Schwierigkeiten geraten waren, um ihnen zu helfen. Dort ging Robert mit mir hin. Unser Abgeordneter war der spätere Minister

Der Vater der Autorin bei einem Ausflug in die Wälder bei Berlin, 1936
(aus dem Archiv der Autorin).

André Le Troquer[64], der nach dem Krieg in verschiedene Skandale verwickelt war. (Weil er einen Arm verloren hatte, wurde er später häufig verspottet: »Er ist der einzige Einarmige, der mit beiden Händen nimmt!«) Mir aber hat er mehrmals geholfen, ohne das Geringste zu verlangen, und ich bin ihm zu großem Dank verpflichtet.

Mit Roberts Hilfe erklärte ich ihm unsere Lage und flehte ihn an, für uns bei den zuständigen Stellen vorzusprechen. Mit südländischem Temperament verstand es Robert, ihm unsere Verzweiflung nahe zu bringen, und machte ihm deutlich, welcher Gefahr mein Vater im Hitlerdeutschland von 1939 ausgesetzt war. André Troquer schrieb sofort einige Briefe an seine Kontaktleute im Außenministerium, die versprachen, schnellstens alles Nötige in die Wege zu leiten. Endlich konnten wir Päpschen bessere Nachrichten übermitteln. Da aber in der französischen Administration »schnellstens« ein sehr dehnbarer Begriff ist, mussten wir noch recht lange warten, bis wir endlich einen positiven Bescheid erhielten. Wir jubelten!

Leider hatten wir uns zu früh gefreut, denn Le Troquer erklärte uns, dass wir nun noch die Genehmigung des Innenministeriums, das *Avis Favorable*, abwarten müssten. Die ganze Prozedur begann von neuem. Es war ein offenes Geheimnis, dass die beiden Ministerien zu dieser Zeit selten einer Meinung waren, wir konnten also nur abwarten und hoffen.

Tante Jenny

Onkel Erich stand mit seiner Frau in regem Briefwechsel. Sie war glücklich zu erfahren, dass wir nun eine kleine Wohnung hatten und wollte sie gerne sehen. So erschien sie also eines Tages in der Avenue de Corbéra. Die Wiedersehensfreude war groß. Sie fand ihren Mann entspannter und erholter als bei ihrem letzten Besuch vor ein paar Monaten in der Rue Laplace. Trotz der Armut und der provisorischen Einrichtung war es gemütlich und sauber bei uns. Die Zimmer waren hell in der fünften Etage. Das Essen war einfach, aber von Mutti schmackhaft zubereitet. Tante Jenny schien glücklich und sagte schon nach ein paar Tagen: »Zu Weihnachten komme ich wieder, für immer! Ich werde alles verkaufen und meine Übersiedlung vorbereiten.« Da sie »arisch« war, hatte sie mit dem Visum keine Schwierigkeiten. Sie hatte Erich auch wieder etwas Geld mitgebracht.

Nach zwei Wochen fuhr Tante Jenny sehr zufrieden mit dem, was sie bei uns gesehen hatte, und voller Pläne für die Zukunft wieder zurück. Onkel Erich fiel der Abschied schwer, aber er hatte ja inzwischen schon einige Routine darin. Meiner Mutter hatte der Besuch sehr gut getan. Für einen kurzen Augenblick waren die Erinnerungen an eine Zeit, die es für sie nicht mehr gab, wieder aufgelebt.

Auch René und ich schrieben uns. Die Trennung dauerte viel zu lange, aber wir hofften immer noch, dass es ihm gelänge, ein Visum für Frankreich zu bekommen.

Dina

Nach und nach lernten wir einige Mieter in unserem Hause kennen. Es waren vorwiegend Franzosen, die uns ignorierten. Eine Familie aber war sehr nett zu uns und grüßte immer freundlich, wenn wir uns begegneten. Das waren Monsieur und Madame Lebras, die ein sehr niedliches Baby hatten. Viel später sollte ich die Möglichkeit haben, ihnen aus einer heiklen Situation zu helfen. Im zweiten Stock wohnte das jüdische Ehepaar Waisblat[65] mit zwei kleinen Jungen. Die junge Frau sprach ab und zu mit meiner Mutter. Sie auf Jiddisch, meine Mutter auf Deutsch. Nebenan auf der gleichen Etage gab es noch eine jüdische Familie polnischer Abstammung[66], die in Leipzig gelebt hatte, bevor sie nach Paris kam. Den Vater sah man selten. Er war sofort nach Spanien gegangen, als dort der Bürgerkrieg ausbrach, um zu kämpfen. Er schien mir recht brutal zu sein. Die Mutter war eher ängstlich, eine sehr einfache, brave Frau, die glücklich war, mit meiner Mutter ein paar Worte wechseln zu können. Später entstand daraus eine echte Freundschaft, viel später.

Außerdem hatte diese Familie einen Jungen in den Flegeljahren und eine Tochter in meinem Alter. Sie hieß Dina und arbeitete als gelernte Pelznäherin. Auch sie schien keine Freundinnen zu haben.

Ich sah sie manchmal mit ihrem Vetter Erich, einem bebrillten jungen Mann, der mir eher unsympathisch war.

Dina sprach mich auf der Treppe an. Wir verstanden uns auf Anhieb. Sie freute sich, endlich eine Freundin gefunden zu haben, und nahm mich jeden Sonntag mit, wohin sie auch mit Erich ging, meistens ins Kino. Sie war sehr nett zu mir und bezahlte für mich trotz meines Protests. Ich fühlte mich nicht sehr wohl dabei. Nicht nur, weil es mir peinlich war, sondern auch, weil ich fühlte, dass Erich mich zum Teufel wünschte. Er wollte sie später heiraten, sie schien aber nicht sehr verliebt in ihn zu sein.

Wir sind im Krieg

Eines Tages, im Juli 1939, erschien René[67] bei uns. Endlich! Die Freude war groß. Er kam praktisch ohne Mittel, wohnte bei uns, und Onkel Erich musste nun das Zimmer mit ihm teilen.

Kurz nach seiner Ankunft suchte René das Büro der Associated Press auf, in der Hoffnung, dort eine Anstellung zu finden. Er nahm mich mit. Als ich seinem Kollegen dort vorgestellt wurde, rief dieser aus: »My God, is she pretty!« René war stolz, und ich habe diese Worte nie vergessen. Sie waren gut für mein Selbstbewusstsein, denn meistens bekam ich zu hören, wie schade es sei, dass ich meinem Vater mehr als meiner Mutter glich, die als schöne Frau galt. Die Associated Press suchte leider niemanden. Mit Kriegsausbruch erübrigte sich dieses Problem allerdings sehr bald.

Vorher aber trafen wir noch Renés Vater, Herrn Rosenberg, der in Paris zu tun hatte. Ich weiß gar nicht, wo er damals lebte, aber er schien aus geschäftlichen Gründen in Paris zu sein. Wir waren im Café de la Paix mit ihm verabredet und ich staunte über die Pracht und Eleganz dieses weltberühmten Cafés. Besonders beeindruckten mich die schicken Damen mit ihren Silberfüchsen, den hohen Absätzen und den feschen Hütchen mit Schleiern, ich fühlte mich ganz fehl am Platz. Das war allerdings auch wirklich der Fall. René und sein Vater klärten mich lachend über das wirkliche Gewerbe dieser Damen auf. Ich hatte offensichtlich noch viel zu lernen. Der Vater gab René etwas Geld. Danach sahen wir ihn nie wieder.

So verging der Sommer. Wir warteten verzweifelt auf das Avis Favorable für meinen Vater. Wir sollten es aber nie erhalten, denn vorher brach der Krieg aus. Hier der letzte Gruß, der uns vor Kriegsausbruch von meinem Vater aus Berlin erreichte:

Meine geliebte Frau!
Hoffentlich funktioniert die Post, daß Du diese Karte noch rechtzeitig erhältst. Ich glaube, gratulieren kann man Dir gar nicht zu dem Tage, der eigentlich immer etwas Besonderes in unserem Leben bedeutete, aber wünschen möchte ich, daß wir nun doch endlich bald wieder vereint sein werden und derartige Trennungen bis an unser Lebensende nicht mehr in Frage kommen. Trinke mit unseren Lieben einen schönen Hochzeitstag-Kaffee und versucht den Tag so angenehm und gemütlich wie möglich zu verleben. Meinen üblichen Freitag-Brief hoffe ich pünktlich angekommen, er erhielt ja auch eine kleine Erinnerung an den 29. 8. 1911[68]. Eigentlich eine ganz schöne Zeit, und ich hatte bestimmt gerechnet, am Dienstag bei Dir zu sein. Aber man soll nicht murren, das ist eben force majeure. Eben kommt auch Deine I. [liebe] Karte etwas verfrüht an, und ich danke Dir schon jetzt für die darin zum Ausdruck gebrachten Wünsche. Deine Fragen wirst Du inzwischen in meinem Brief beantwortet gefunden haben. Also nun weiter vertrauensvoll in die Zukunft geblickt, die Sonne scheint auch für uns. Sei mir recht herzlich gegrüßt und geküßt   Dein Paps

Herzl Grüße auch für die Anderen[69]. Ist R.[70] noch bei Euch?   27. 8. 1939.

Ganz Paris lebte jetzt in Angst vor Luftangriffen. Gasmasken wurden verteilt. Ein Netz von Ballons wurde über Paris ausgebreitet und sollte die Stadt vor den Angriffen schützen. Leider ohne Erfolg, deshalb wurde es sehr schnell wieder entfernt.
Das Geld war knapp, denn der Metzger, unser Wurstlieferant, war nicht mehr da. War er wegen der Bombengefahr aus Paris geflüchtet? Hatte er sich zum Militär gemeldet? Er war, glaube ich, kein deutscher Staatsangehöriger. Den Grund für sein Verschwinden kenne ich nicht.
Onkel Erich besorgte uns eine neue Arbeit. Er hatte die Adresse einer Fabrik ausfindig gemacht, die Material zum Herstellen von Metallschlaufen für die Gurte der Gasmasken ausgab. Mit diesem Material, den Metallstücken und einer kleinen Maschine, erschien er eines Tages zu Hause. Die Maschine wurde an unserem Esstisch befestigt und Erich zeigte uns, wie aus den drei Metallstücken eine

Schlaufe entstand. Drei verschiedene Handgriffe waren nötig, zuletzt wurde der Hebel der Maschine mit Kraft heruntergedrückt, die Teile waren zusammengesetzt und die Schlaufe fertig. Es war einfach, musste aber sehr schnell gehen, denn erst für 1000 Stück erhielt man einen Lohn, der uns schon damals lächerlich erschien. Trotzdem machten wir uns sofort an die Arbeit.

Onkel Erich fing als Erster an. Jedes Mal, wenn er den Hebel herabdrückte, entstand ein lautes Geräusch und der kleine Tisch wackelte bedenklich. Als Erich müde war, kam ich an die Reihe und dann meine Mutter. Ich schaffte die meisten Schlaufen. Am übernächsten Tag lieferte mein Onkel sie ab und brachte neue. Die Prozedur wiederholte sich. Jemand im Haus beschwerte sich über den Krach, den die Maschine beim Herunterdrücken des Hebels verursachte. So konnten wir nur zu bestimmten Stunden arbeiten, wenn es am wenigsten störte. Diesmal ging ich zur Fabrik, um die fertige Ware abzuliefern. Sie wurde gewogen und ich bekam den Lohn. »Sie müssen sich irren«, sagte ich schüchtern, »es waren doch viel mehr Stücke.« »Nein«, wurde mir geantwortet, »wir haben sie gewogen, und die Rechnung ist richtig.« Man gab mir neue Ware.

Bedrückt kam ich nach Hause. »Die nutzen uns aus«, rief ich, »das lassen wir uns nicht gefallen, wir arbeiten doch nicht umsonst!« Angeblich hatte man nur 3000 Schlaufen gewogen. Wir protestierten alle drei. »Diesmal werden wir sie zählen«, beschloss ich und nahm einen kleinen Topf, den ich mit den fertigen Schnallen füllte. Als er bis zum Rand voll war, zählte ich den Inhalt. Von nun an galt er uns als Maß. Und als wir – dieses Mal zu zweit – mit der fertigen Ware zur Fabrik kamen und man uns nach dem Wiegen wieder für 3000 Stück bezahlen wollte, protestierten wir heftig. »Diesmal haben wir sie gezählt. Es sind ungefähr 12 000 Stück.« Wir erhielten unseren Lohn für die gezählten Schnallen. Als wir jedoch neue Ware verlangten, sagte man uns, dass der Bedarf an Schnallen für die Gasmasken nun gedeckt sei und wir am nächsten Tag die Maschine wieder zurückbringen sollten.

Außer dem Zuschuss vom Komitee hatten wir nun keine Einkünfte mehr. Auch auf das Café du Dôme und vor allem auf die Zeichenstunden musste ich verzichten.

Es war Krieg. Und das bekamen wir jetzt nach und nach zu spüren. Von meinem Vater waren wir nun endgültig getrennt. Noch bevor der Winter begann, wurden alle männlichen »feindlichen« Ausländer interniert, auch rassisch oder politisch Verfolgte. Die Frauen blieben vorerst von dieser Maßnahme verschont. Meine Mutter und ich waren nun ganz allein. Onkel Erich ließ meiner Mutter etwas Geld, ehe er in einem Internierungslager verschwand.

René landete mit vielen anderen deutschen Emigranten im Internierungslager von Beaune-la-Rollande. Dort schlug man ihnen nach kurzer Zeit vor, für die Dauer des Krieges in die Fremdenlegion einzutreten. Man könne sie zwar nicht gegen ihre eigenen Landsleute im Kampf einsetzen, aber sie könnten sich in Nordafrika für Frankreich nützlich machen und würden nach dem Krieg dann automatisch eingebürgert.

René, der fest überzeugt war, dass der Krieg in ein paar Monaten vorüber sein würde, gefiel diese Lösung. Bevor er nach Afrika verschickt wurde, nach Sidi-Bel-Abess in Algerien, bekam er eine Woche Urlaub. Wir durften uns noch einmal wieder sehen. René beschloss, sofort mit mir auf die Mairie zum Standesamt zu gehen, um zu heiraten. Er trug nun die französische Uniform, in welcher er etwas fremd auf mich wirkte. Der Standesbeamte prüfte unsere Papiere und sagte dann empört: »Was, Sie als französischer Soldat wollen eine feindliche Ausländerin heiraten? Das ist unmöglich!« Wir blickten uns ratlos an und gingen nach Hause. Mit viel Erfahrung, Zeit und Schmiergeld hätten wir es vielleicht schaffen können. Aber wir besaßen weder das eine noch das andere. Die Urlaubswoche verging nur allzu schnell. René verließ uns in der Hoffnung auf ein baldiges Wiedersehen.

Es war nicht leicht. Gott sei Dank hatte ich meine Freundin Dina. Sie besorgte uns ein bisschen Arbeit: Strümpfe stricken für die Soldaten an der Front. Auch dafür wurde sehr wenig gezahlt.

Ein kostenloser Mittagstisch

Im Komitee erfuhr man immer das Neueste. So hörten wir von einem Mittagstisch für Emigranten, der von einem baptistischen Pfarrer geleitet wurde. Dort wurde kostenlos Essen ausgegeben. Schon seit längerer Zeit konnten wir uns nicht mehr richtig satt essen und machten daher von diesem Angebot Gebrauch. Unsere

Wohnung lag in der Nähe des Gare de Lyon, der Mittagstisch befand sich aber bei der Métro Alésia. Das waren mindestens acht km zu Fuß, vielleicht sogar zehn. Fahrscheine für die Métro konnten wir uns unmöglich leisten, selbst für eine Fahrt reichte das Geld nicht. Also mussten wir laufen.

Der Weg erschien endlos, aber wir wurden für unsere Mühe belohnt. Der Empfang war sehr herzlich und das Essen vorzüglich und ausreichend. Dieser baptistische Pfarrer war voller Verständnis und sehr hilfsbereit. Wir diskutierten viel über Gott, Religion und Glauben. Er hätte mich zu gerne bekehrt, konnte mich aber trotz aller Argumente nicht überzeugen. Da wir ihm jedoch unsere Dankbarkeit beweisen wollten, hörten wir uns nach dem Essen in einer kleinen Kapelle ganz in der Nähe seine Predigt an. Er freute sich sehr, uns dort zu sehen. Nach dem langen Hinweg, dem Mittagessen und der Predigt waren wir recht müde geworden, mussten aber schließlich den Rückweg antreten.

In der Avenue des Gobelins, ungefähr auf halbem Weg, gab es ein Schokoladengeschäft. Vor der Tür, auf der Straße, standen große längliche Glasbehälter, die mit bunten Bonbons gefüllt waren. Da gab es die unterschiedlichsten Sorten. Unsere Kräfte ließen bedenklich nach und vor uns lag noch eine große Strecke. Wir sahen uns an: »Kaufen wir uns ein paar Bonbons?« Ja, wir konnten einfach nicht widerstehen und erstanden eine kleine Tüte. Von nun an gingen wir regelmäßig zum Mittagstisch und fast jedes Mal hielten wir beim Schokoladengeschäft. Niemals, so scheint mir, haben Bonbons besser geschmeckt.

Ich hatte eine Möglichkeit gefunden, unsere schwindenden Finanzen etwas aufzubessern. In unserem Haus gab es zwischen den Etagen so genannte Müllschlucker. Dort hinein gab man seinen Abfall und beförderte ihn mittels eines Hebels in eine Mülltonne im Untergeschoss. Um Lärm zu vermeiden, wurden leere Flaschen nicht im Müllschlucker entsorgt, sondern daneben abgestellt – auch Pfandflaschen. Einige Mieter waren zu bequem, sie zum Händler zurückzubringen.

Also schlich ich nach Einbruch der Dunkelheit zu den Müllschluckern, um dort nach leeren Flaschen zu suchen. Mit meinem Fund ging ich dann in verschiedene Geschäfte. Meistens sagte man mir, die Flasche komme nicht von dort oder es sei eine ohne Pfand; aber manchmal bekam ich ein paar Centimes zurück, von denen ich dann etwas Brot für den Abend kaufen konnte. Leider wurde man bald auf mich aufmerksam. Ich brachte leere Flaschen, kaufte aber nie volle. Abgesehen davon schämte ich mich schrecklich.

Monsieur Lebras

Der nette Herr Lebras von der Etage über uns unterhielt sich oft mit mir. Er war Textilingenieur und sein Ziel war es, nach dem Krieg einmal nach Sachsen zu fahren, um dort die großen Textilfabriken Deutschlands zu besichtigen. Er schwärmte für ein Mädchen, das er wahrscheinlich mal auf einer früheren Deutschlandreise kennen gelernt hatte. Seltsamerweise erinnere ich mich noch heute an ihren Namen: Sie hieß Käthe Grünzinger.
Monsieur Lebras wollte bei mir Deutschunterricht nehmen und auch dafür bezahlen. Ich willigte begeistert ein. Der Unterricht fand in seiner Wohnung statt, im Beisein seiner netten Frau und ihres Babys, das gerade zu sprechen anfing. Um meinem Schüler die schweren Deklinationen beizubringen, die es in der französischen Sprache nicht gibt, schrieb ich ihm Beispiele auf Kartons. Außerdem schenkte ich ihm eine der Schriftproben, die noch im Zeichenkurs in Berlin entstanden waren. Der Text lautete: »Aller Anfang ist schwer.« Er war sehr stolz darauf und legte sie auf seinen Schreibtisch unter die Glasplatte. Die Schriftprobe sollte ihn später einmal aus den Händen der Gestapo retten!

Heizen – oder essen?

Der Winter 1939–40 war der eisigste seit Jahrzehnten. Es war so kalt, dass die Tinte im Tintenfass gefror. Im Treppenhaus ergoss sich das Wasser über die Treppe, weil ein Rohr geplatzt war. Innerhalb von Minuten war es gefroren und machte die Treppe unbenutzbar. Wenn wir am Abend in unsere Betten stiegen, waren die Laken eiskalt und klamm. Eine Wärmflasche konnten wir uns nicht leisten. Die Zentralheizung funktionierte schon lange nicht mehr. Einmal füllte meine Mutter eine Glasflasche mit kochendem Wasser und legte sie in mein Bett. Kaum hatte ich mich dazugelegt, platzte sie und alles war klitschnass. Frieren war schlimmer als hungern – aber beides zusammen? Wir hatten Frostbeulen an den Beinen, die meine Mutter mit Alaun und Hasenfett behandelte, aber es half nicht viel.

Da erhielten wir von Onkel Martin aus England, einem entfernten Verwandten von uns, dem wir Erichs Internierung mitgeteilt hatten, einen Scheck über fünf Pfund. Für uns war es ein Vermögen, aber sehr viel konnte man dafür nicht bekommen. Wir stellten uns die Frage: »Essen wir oder heizen wir?« Und die einstimmige Antwort war spontan: »Wir heizen.« Also kauften wir für das Geld einen kleinen Ofen. Durch eine Luke im Fenster (bei Franzosen »Wasisdas« genannt) führten wir das Ofenrohr nach draußen. Zu Anfang kauften wir noch Kohle, aber dann wurde uns auch das zu teuer, und wir verheizten alles, was wir bekommen konnten, sogar alte Schuhe. Früh am Morgen gingen wir zum Marché d'Aligre, einem kleinen Markt in unserer Nähe, der heute recht bekannt für seine Antiquitäten ist, damals aber ein richtiger Markt für Obst und Gemüse war. Dort gab es alte Kisten und Holzleisten zum Aufsammeln, nur leider waren wir nicht die Einzigen, die Heizmaterial suchten.

Das Vélodrôme d'Hiver

Der harte Winter nahm seinen Verlauf. Der Krieg sah trotz Maginot-Linie[71] nicht gut für Frankreich aus. Viele Soldaten befanden sich schon in deutscher Gefangenschaft. Es stellte sich heraus, dass Frankreich schlecht oder gar nicht auf den Krieg vorbereitet war. Schon bald beschloss man, nun auch Frauen deutscher Herkunft zu internieren, mit Ausnahme solcher, die Kinder unter 15 Jahren hatten. Jetzt musste auch ich mich auf dem Polizeikommissariat melden und hatte mich daraufhin[72] zum Vél d'Hiv, dem Vélodrôme d'Hiver, zu begeben. Das war die damalige Radrennbahn von Paris, die später abgerissen wurde. Bei der großen Razzia[73] im Jahre 1942 haben später die Franzosen dort alle jüdischen Frauen und Kinder zum Abtransport in die Vernichtungslager zusammengetrommelt. Laut deutschem Befehl sollten nur die Frauen verhaftet werden, die

Franzosen aber machten ihre Arbeit gründlicher und nahmen auch die Kinder. Ein bleibender Schandfleck in der französischen Geschichte.

Mit einem Koffer, der das Nötigste enthielt, und etwas Geld bezog ich mein neues Quartier im Vél d'Hiv. Meine Mutter wollte natürlich bei mir bleiben und flehte die Beamten an, sie doch auch zu internieren. Aber das war vollkommen ausgeschlossen. Sie war doch Französin. Der Abschied fiel uns schwer. Die Zukunft war ungewiss. Was hatte man mit uns vor? Wann würde man sich wieder sehen? Es war ein Glück, dass meine Mutter in unserem Pariser Jahr gelernt hatte, sich trotz mangelnder Sprachkenntnisse zurechtzufinden. Und in unserem Hause wohnte ja Dina mit ihrer Mutter, die als polnische Staatsangehörige von der Maßnahme nicht betroffen waren und sich meiner Mutter annehmen würden.

Wenn mein Gedächtnis mich nicht täuscht, hatte das Vél d'Hiv 5000 Plätze. Wir waren aber viel mehr als 5000 Frauen. Jede suchte sich eine Schlafstelle. Ganz oben unter dem Dach gab es mehr Platz, um sich hinzulegen. Auch die Rennbahn erschien nicht schlecht, nur ein bisschen schräg. Ich hatte schließlich Glück und landete in einer Loge. Meine Nachbarin war ein sehr hübsches Mädchen, das etwas älter war als ich. Wir freundeten uns an und blieben von nun an zusammen. Sie hieß Vera.[74] Bis zum heutigen Tage ist sie meine beste Freundin geblieben.

Acht Tage verbrachten wir im Radrennstadion. Die zusammengepferchten, oft hysterischen Frauen machten viel Lärm. Es herrschte eine unruhige, angsterfüllte Atmosphäre, denn niemand wusste, was weiter mit uns geschehen würde. Besonders für die älteren Frauen muss es unerträglich gewesen sein, wir jüngeren konnten uns der Situation etwas leichter anpassen.

Über unseren Köpfen verhinderte ein Gewirr von Kabeln, dass das Tageslicht durch das gläserne Dach drang. Die hygienischen Bedingungen waren katastrophal, denn es gab nur wenige Toiletten und Waschgelegenheiten. Wir konnten tagsüber auf einem kleinen Hof spazieren gehen, um etwas Luft zu schnappen. Hohe Bretterzäune sollten uns daran hindern zu flüchten, denn wir waren ja Gefangene. Vor dem fest verschlossenen Tor stand ein bewaffneter Posten. In einem kleinen Hof wurden Latrinen aufgestellt. Gott sei Dank! Sie waren ständig besetzt, sodass lange Reihen von Wartenden davor standen. Aus den Latrinen drang oft Zigarettenqualm. Rauchen war eigentlich strengstens verboten.

Als ich schon einige Tage dort war und mir gerade im Hof etwas Bewegung verschaffte, riefen ein paar Frauen, die sich in der Nähe des Tors befanden, meinen Namen. »Helga Treuherz wird verlangt. Wo ist sie? Sucht sie!« Ängstlich rannte ich zum Tor: Auf der Straße bei dem Wachposten stand meine Mutter. Sie wollte zu uns herein. Aber das war ganz unmöglich. Sie hatte eine Fotokopie ihres französischen Passes anfertigen lassen und wollte sie mir unbedingt geben in der Hoffnung, dass ich dadurch doch noch freikommen würde oder die Kopie des Passes mir wenigstens später einmal helfen könne. Man erlaubte ihr natürlich nicht einzutreten. Aber der Posten nahm ihr die Kopie ab und gab sie mir. Wir sahen uns eine Sekunde durch den geöffneten Türspalt. Dann wurde das Tor wieder geschlossen.

Eines Abends wurde uns plötzlich befohlen, unsere Sachen zu packen, denn wir würden umquartiert. Es entstand ein wildes Gedränge. Jeder wollte etwas anderes gehört haben, was man nun mit uns vorhatte. Wir wurden in Gruppen eingeteilt und zum Gare d'Austerlitz gefahren. Alles ging sehr schnell. Wir wurden in alten Eisenbahnwagen mit Holzbänken untergebracht. Nach Einbruch der Dunkelheit setzte sich der Zug in Bewegung. »Wohin?«, fragten wir unruhig. Der Zug fuhr die ganze Nacht hindurch und dann noch den ganzen nächsten Tag. Man gab uns keinerlei Auskünfte. Wir bekamen jedoch mit, dass wir gegen Süden reisten. In den frühen Abendstunden hielt der Zug und man befahl uns, auszusteigen. Wir lasen das Schild auf der Station: Oloron-Sainte-Marie[75].

Oloron ist ein charmantes Städtchen in der Provinz Béarn nicht weit von der spanischen Grenze. Dort pferchte man uns in offene Lastwagen. Die umstehende neugierige Menschenmenge – offensichtlich hatte die Bevölkerung von diesem Spezialtransport gehört – beschimpfte uns und bewarf uns mit Steinen. Sie hielten uns für die »Fünfte Kolonne«. Das war die Bezeichnung für die deutsche Spionage-Abteilung. Vielleicht hielten sich einige Verdächtige unter uns Flüchtlingen versteckt. Wer konnte das wissen? Wir waren aber doch alle politisch Verfolgte und hatten in Frankreich Schutz gesucht.

Die Lastwagen fuhren eine ganze Weile. Schließlich erreichten wir ein großes Lager, dessen einzelne Abteilungen durch Stacheldraht getrennt waren. Der französische Kommandant war gleich zur Stelle und sah mit wachsendem Entsetzen einen Lastwagen nach dem anderen anrollen. »Ja um Gottes willen, wie viele Frauen sind denn das?«, fragte er unsere Begleiter ungläubig. Er war auf eine so große Anzahl nicht vorbereitet. Dieser Fall war charakteristisch für die mangelhafte Organisation. Die Franzosen haben uns zwar nie gequält, aber wir hatten trotzdem viel zu leiden. Nichts war für unser Kommen vorbereitet worden, auch das Essen war kaum genießbar. Die Zutaten wurden erst sehr spät geliefert, daher blieb keine Zeit, sie gar zu kochen.

Da standen wir nun, verängstigt, übermüdet und hungrig, und es dauerte noch eine ganze Weile, bis wir uns endlich auf einem Strohsack auf der Erde ausstrecken konnten.

Gurs

Das Lager von Gurs war ursprünglich im April 1939 für die spanischen Flüchtlinge und internationalen Brigaden, die vor Franco geflohen waren, errichtet worden. Eine lange schmale Straße führte hindurch. Das Lager war in viele so genannte »Ilôts« eingeteilt, die alle durch Stacheldraht voneinander getrennt waren. Die Rückseite grenzte an eine Wiese. Bewaffnete Soldaten patrouillierten dort Tag und Nacht. Rechts von der schmalen Straße, die durch das Lager führte, wohnten die Spanier, links die Neuankömmlinge. Jedes Ilôt besaß 25 Holzbaracken. In jeder Baracke waren 60 Frauen untergebracht. Sie lagen auf Strohsäcken auf der Erde, 30 auf jeder Seite. Es gab keinen Stuhl, keinen Hocker oder Tisch. Wir mussten unsere klägliche Habe am Kopfende der Strohsäcke unterbringen und auf der Erde sitzend essen. In jeder Baracke gab es eine Tür, Fenster gab es nicht, nur das mit Dachpappe verkleidete Dach enthielt auf jeder Seite sechs Luken, die durch Holzklappen verschließbar waren.

Die Nächte waren im Frühjahr noch sehr kalt. Da jeder nur eine Decke bekam, froren wir sehr. Die Spanier aber kamen uns oft zu Hilfe, sie brachten uns zusätzliche Decken und etwas Wein. Sie durften sich im Lager mehr oder weniger frei bewegen, da sie ständig mit Aufbau- und Ausbesserungsarbeiten in den verschiedenen Ilôts beschäftigt waren. So bauten sie denn auch schnellstens Waschgelegenheiten, die in unserem Ilôt, dem Ilôt I, noch nicht existierten. In den ersten paar Tagen hatten wir uns überhaupt nicht waschen können. Unsere Waschgelegenheit befand sich im Freien und hatte nur eine Wand und ein Dach, unter dem sich die acht Wasserhähne befanden. Es gab natürlich nur kaltes Wasser. Vor jedem Hahn bildeten sich endlose Schlangen, und es dauerte oft recht lange, bis man an die Reihe kam. Aber wir hatten ja nichts zu versäumen.

Das Waschen in der Öffentlichkeit vor den Blicken aller Umstehenden war mir recht unangenehm. Man wusch sich Stück für Stück, was nicht immer einfach war. Ab und zu war mal ein Spanier in der Nähe, den das Schauspiel brennend interessierte. Es dauerte sehr lange, bis die weit über 1000 Insassen des Ilôts ihre Toilette beendet hatten. Dann war es oft schon Mittagszeit. Wir waren immer hungrig, aber meistens war das Essen ungenießbar, sodass viele freiwillig verzichteten. Ich entsinne mich, dass es Stockfisch, auf Französisch »morue« genannt, gab. Für die Portugiesen ist das ein Nationalgericht. Bei ihnen wird der eingesalzene, getrocknete Fisch einige Tage gewässert und erst dann zubereitet. Wegen der mangelhaften Organisation im Lager mussten die Fische jedoch gleich nach der Lieferung in den großen Gulaschkanonen gar gekocht werden. Es schmeckte einfach scheußlich! Auch die garbanzas, die spanischen Kichererbsen, die man uns oft servierte, blieben steinhart, da sie nicht am Vortag eingeweicht wurden.

Ich war zwanzig Jahre alt und ausgehungert, also aß ich alles, was mir unter die Finger kam. Ich habe mir dort eine chronische Gastritis zugezogen, an der ich noch jahrelang litt. Andere entwickelten sehr schnell Anzeichen von Skorbut, da es uns völlig an Vitaminen fehlte. Dabei war uns der Lagerkommandant, Capitaine Lavergne, nicht feindlich gesonnen, sondern eher bemüht uns zu helfen. Wahrscheinlich war er einfach überfordert und mehr um das Schicksal seines Landes besorgt, das im Begriff war, den Krieg zu verlieren, als um uns.

Nach und nach entwickelte sich eine Art Alltagsleben im Lager. Eine Ilôt-Chefin wurde gewählt, die für Ruhe und Ordnung zu sorgen hatte, die Post verteilte – wir durften jetzt Post erhalten – und schließlich sogar die Genehmigung erhielt, einmal in der Woche in Gurs zusätzliche Nahrung zu beschaffen. So entstand eine kleine Kantine, in der man Lebensmittel kaufen konnte – wenn man Geld hatte. Und das hatte ich nicht. Meine neue Freundin Vera aus der Loge vom Vél d'Hiv, die jetzt auf dem Strohsack neben mir schlief, war etwas besser dran und spendierte mir ab und zu mal ein Ei. Was für ein Festmahl! Allerdings musste man es roh essen.

Vera war verlobt und besaß von den Eltern ihres Verlobten, die in Chicago lebten, eine Bürgschaft von Verwandten (Affidavit) für die Einwanderung nach Amerika. Ihr Verlobter befand sich in einem anderen Lager. Auch er war deutscher Abstammung. Da ich gut Briefe schreiben konnte, setzte ich für sie Briefe an den Kommandanten auf, mit der Bitte, sie freizulassen, damit sie auswandern könne. Beim amerikanischen Konsul in Paris beantragte ich ein Visum für sie. Unsere Bemühungen waren schließlich erfolgreich, denn eines Tages durfte sie das Lager verlassen. Sie wollte mich unbedingt mitnehmen und war bereit zu warten, bis auch ich freikäme. Aber ich hatte kein Geld, und es gab für mich wenig Hoffnung auf Befreiung. Sie wollte ihren Verlobten in Marseille treffen. Ich aber wollte zurück zu meiner Mutter nach Paris. Es war unmöglich. Also trennten wir uns schweren Herzens, es muss Anfang Juni gewesen sein.

Paula

Links neben mir im Lager schlief Paula, ein nettes, deutsches Mädchen aus Radolfzell am Bodensee. Ihre Eltern hatten dort eine Badeanstalt gepachtet, in der sie eines Tages einen französischen Offizier der Feuerwehr, seine Frau und ihre zwei Kinder kennen gelernt hatte. Die Familie verbrachte ihre Ferien in Radolfzell. Paula gefiel ihnen. Da die junge Frau kränklich war, schlugen sie Paula vor, als Au-pair-Mädchen mit ihnen nach Paris zu kommen. Sie willigte begeistert ein. Und so kam es, dass auch sie in Gurs landete, denn selbst der französische Offizier konnte ihre Internierung als feindliche Ausländerin nicht verhindern.

Nach Veras Abreise wurden Paula und ich bald unzertrennlich. Wir nahmen auch unsere Mahlzeiten gemeinsam ein. Paula besaß in ihrem Gepäck einen kleinen Meta-Kocher, ein winziges Gerät, in dem man mit so genannten Methantabletten Feuer machen konnte, um Eier zu braten oder Wasser für eine kleine Tasse Kaffee zu erwärmen. Mit einem Trick bekamen wir sogar etwas Öl: Paula begab sich zur Krankenbaracke und behauptete, an schwerer Verstopfung zu leiden. Man gab ihr Paraffinöl. Und wir brieten damit den Stockfisch.

Eine der 25 Baracken unseres Ilôt war nämlich als Krankenbaracke eingerichtet. Dort gab es richtige Betten, eine Krankenschwester, die im Notfall einen Arzt herbeirufen konnte, und Medikamente. Die damals auch in Frankreich bekannte deutsche Filmschauspielerin Dita Parlo[76] lebte während ihres gesamten Aufenthalts im Lager mit ihrer Mutter in der Krankenbaracke, obwohl die beiden gar nicht krank waren.

Im Übrigen hatten wir nichts zu tun. Wir wurden zu keiner Arbeit angetrieben. Eine Französin aus dem Dorfe sorgte in den Baracken für Ordnung. Wir mussten sie sauber halten. Das war alles. Allerdings kümmerten sich die Gefangenen auch um die Latrinen. Gott sei Dank war ich von dieser Aufgabe verschont geblieben. Oder waren die Spanier dafür zuständig? Sie hatten jedenfalls nicht nur die Waschgelegenheiten, sondern auch die Latrinen gebaut. Die lagen an jedem Ende eines Ilôts und waren primitiv aus Brettern zusammengesetzt. Man erklomm ein paar Stufen und befand sich auf einer Plattform, in der sich mehrere Löcher befanden. Diese wurden nur durch eine niedrige Holzwand voneinander getrennt, sodass der ganze Oberkörper sichtbar blieb. Es war für uns genauso peinlich, die Latrinen aufzusuchen, wie sich im Freien vor aller Augen zu waschen.

Langsam organisierten wir unsere Freizeit. Ich verdiente mir gelegentlich ein paar Centimes, indem ich aus Händen las oder graphologische Deutungen machte. Von beidem hatte ich keine Ahnung, aber man vertraute mir. Außerdem gab ich Englischunterricht und zeichnete viel. So verging die Zeit bis zum Abend.

Zwischen fünf und sechs Uhr abends wiederholte sich tagtäglich ein seltsames Phänomen. Plötzlich – man wusste nie, woher – wurden Gerüchte verbreitet, die uns alle in Angst und Schrecken versetzten. »Wir werden nach Afrika verschickt!«, »Wir kommen in ein Arbeitslager!« oder »Von jetzt ab dürfen wir keine Post mehr empfangen.« Auch über die Männer der verheirateten Frauen wurden schreckliche Gerüchte verbreitet, die dann seltsamerweise später am Abend wieder vergessen waren und am nächsten Nachmittag durch neue Schreckensnachrichten ersetzt wurden.

Zum Glück konnte ich im Lager gut schlafen. Nur manchmal gab es eine unliebsame Störung, wenn plötzlich jemand im Schlaf schrie oder von einer Ratte gestört wurde. Von denen gab es genug; sie hatten Junge, die auf den Balken über unseren Köpfen herumtollten und piepsten. Ich glaubte zuerst, es seien Vögelchen. Einmal, als ich gerade fest eingeschlafen war, kroch eine große Ratte unter meinem Hals hindurch. Mein Schrei weckte sofort die ganze Baracke, und es wurde Licht gemacht. Die Spanier hatten für eine elektrische Birne gesorgt. Wie immer in solchen Fällen, hatte man sich bald wieder beruhigt und schlief weiter.

Der Ball

Einmal baten wir den Lagerkommandanten um die Erlaubnis, einen »Ball« ausrichten zu dürfen. Er sollte gleich nach dem Abendbrot beginnen und bis Mitternacht dauern. Der Ball wurde genehmigt, und uns wurden zu diesem Zweck eine leere Baracke und die dort aufgestapelten neuen Strohsäcke zur Verfügung gestellt. Daraufhin herrschte aufgeregtes Treiben in unserem Ilôt. Die Baracke wurde gefegt und gelüftet, die Matratzen wie Sessel an den Wänden aufgestellt. An die Balken hängten wir zur Dekoration abgenagte Knochen und Fischgräten und ich versah die Wände mit Kohlezeichnungen, die das Leben im Lager darstellen sollten. Außerdem befestigte ich Bilder, die ich inzwischen dort gezeichnet hatte, mit Reißnägeln an den Wänden. Wir waren mit dem Ergebnis zufrieden.

Ich hatte noch nie an einem Ball teilgenommen. Trotz der traurigen Umstände wurde es für mich der schönste, den ich je erlebt habe. Mit ihren wenigen Habseligkeiten machten sich die Frauen so hübsch wie möglich. Ich zog Hosen und ein Hemd an, verbarg meine Haare unter einer Baskenmütze und ließ mir einen Schnurrbart anmalen. Ich sah aus wie ein Spanier und hatte großen Erfolg bei den Damen, die alle mit mir tanzen wollten. Ja, wir hatten auch ein großartiges Orchester, das aus mehreren Musikern bestand. Auf ihren Kämmen bliesen sie mit großem Eifer und Erfolg die neuesten Schlager. Paula hakte sich bei mir unter, und wir wurden von den anderen zum »Duc« und zur »Duchesse« von Gurs ernannt. Es gab sogar Limonade, die die Ilôt-Chefin aus Gurs besorgt hatte. Die Stimmung war wunderbar. Ohne Alkohol und ohne männliche Partner war es uns gelungen, uns für ein paar Stunden beschwingt und frei zu fühlen.

Wir wollten gar nicht aufhören, aber um Mitternacht erschien ein Gendarm und befahl uns, sofort die Lichter zu löschen und schlafen zu gehen. Als er mich erblickte, schrie er: »Was machen Sie denn hier? Wer hat Ihnen erlaubt, sich hier einzuschleichen?« Als alle um ihn herum anfingen zu lachen, begriff er schließlich, dass ich kein Spanier war. Am nächsten Tag war alles wie immer, nur Paula und ich blieben von nun an: le Duc et la Duchesse de Gurs. Als ich in die leere Baracke ging, um meine Zeichnungen abzunehmen, wofür uns der Gendarm nachts keine Zeit gelassen hatte, waren sie alle verschwunden. Sie wurden auch nie wieder gefunden, trotz der Ermahnung der Ilôt-Chefin, die diesen Diebstahl »einfach gemein« fand und eine Durchsuchung des Gepäcks veranlasste, leider ohne Ergebnis. Später zeichnete ich noch einige Bilder, aber die besten sind es nicht.

Der Waffenstillstand

Frankreich hatte den Krieg verloren. Noch war uns das ganze Ausmaß dieser Katastrophe nicht klar. Es gab einen Waffenstillstand[77]. Die nördliche Hälfte des Landes wurde von deutschen Truppen besetzt, und der Lagerkommandant sah keinen Grund mehr, uns festzuhalten[78]. Er ließ das Lager öffnen. Das geschah alles sehr schnell und völlig überraschend.

Paula und ich waren ratlos. Ich hatte kein Geld und wusste nicht, wie ich nach Paris zu meiner Mutter gelangen konnte. Paula wartete auf den Besuch des Feuerwehr-Offiziers, der sie nach Paris zurückholen wollte. So beschlossen wir, noch ein bis zwei Nächte im Lager zu bleiben, um unsere Reise zu planen. Da wir jetzt frei waren, erschien uns das Lager weniger schrecklich. Es war immer noch besser, eine weitere Nacht auf dem Strohsack zu verbringen, als ziellos in einer uns unbekannten Gegend herumzuirren.

Es kam jedoch ganz anders. Tausende von Frauen waren sofort nach der Öffnung aus dem Lager geflohen. Sie hatten kein festes Ziel, suchten Unterkunft für die nächsten Tage und schafften dadurch ein unvorhergesehenes Chaos. Um die Lage etwas zu entspannen, ließ der Kommandant das Lager wieder schließen. Wir saßen in der Falle.

Kurz darauf erschien ein deutscher Offizier[79] im Lager. Wir sollten uns vor den Baracken versammeln, dann hielt er eine Ansprache. Er schien sehr sympathisch zu sein. »Liebe Frauen«, sagte er – und ich will versuchen, hier in etwa den Inhalt seiner Rede wiederzugeben – »ihr habt in der letzten Zeit viel gelitten, aber eure Qualen haben nun ein Ende. Wir werden euch helfen, wieder zu Kräften zu kommen und neuen Lebensmut zu schöpfen. Wir haben dazu Erholungsheime eingerichtet, von denen ihr Gebrauch machen könnt. Es wird euch an nichts mehr fehlen. Es wird von jetzt an bestens für euch gesorgt werden.« Ich war sprachlos. So ein netter deutscher Offizier, das war etwas ganz Unerwartetes. Und dann fügte er mit verächtlichem Ton hinzu: »Dies betrifft natürlich nur deutsche Frauen, aber keine Juden!« Mich packte die Wut. Ohne weiter nachzudenken, hob ich einen Stein auf, um ihn dem Offizier an den Kopf zu werfen. Paula, die dicht neben mir stand, war schneller und hielt mir den Arm fest.

Das Ilôt L wurde an diesem Tag als Unterkunft für die »guten deutschen« Frauen eingerichtet. Es war aufschlussreich und oft auch recht enttäuschend festzustellen, wer wie gesinnt war. Da entschwanden plötzlich die vermeintlich judenfreundlichen und regimekritischen deutschen Frauen ins Ilôt L und würdigten uns keines Blickes mehr. Aus organisatorischen Gründen mussten sie dort noch ein paar Tage bleiben, aber unter sehr verbesserten Bedingungen. Schließlich wurden sie abgeholt. Dita Parlo und ihre Mutter waren auch dabei. Wir aber blieben Gefangene.

Paula wurde von Tag zu Tag nervöser. Sie hatte fest damit gerechnet, dass ihr Offizier sie abholen würde. Wir durften jetzt Post empfangen und absenden, sodass ich mit meiner Mutter korrespondieren konnte. Auch Paula und der Offizier standen weiterhin in Kontakt. Als sie schon nicht mehr daran glaubte, erschien er ganz plötzlich. Und dann ging alles sehr schnell. Nur ich wurde in das »Komplott« eingeweiht. Der Lagerkommandant hatte Paula einige

Stunden »Urlaub« gewährt, damit sie mit ihrem Besuch spazieren gehen könne. Er wusste natürlich, dass sie nicht zurückkehren würde. Ich wusste es auch. Sie konnte auf diesen »Spaziergang« natürlich nichts mitnehmen und hatte mir ihren Koffer und alles, was sie in Gurs besaß, anvertraut. Nach meiner Befreiung sollte ich ihr die Sachen nach Paris mitbringen.

Die letzten Wochen in Gurs

Nun war auch Paula nicht mehr da, und ich fühlte mich verlassen und doppelt eingesperrt. Alle waren sehr nett zu mir, aber auch sie hatten inzwischen Freundschaften geschlossen. Eine enge Freundschaft, wie ich sie mit Vera und Paula gehabt hatte, fand ich nicht mehr.
Es wurde nun recht heiß, und am Tage war die Temperatur in den Baracken unerträglich. Wir hatten inzwischen Nachschub bekommen. Die frei gewordenen Plätze wurden von Frauen besetzt, die aus anderen Städten wie zum Beispiel Nizza nach Gurs geschickt wurden. Warum so spät, kann ich heute nicht mehr sagen. Sie brachten neues »Leben in die Bude«. Die Spanier hatten uns inzwischen ein paar Tische und Hocker gezimmert und Nägel zum Aufhängen der Kleider in die Balken geschlagen.
Unter den Insassen unseres Ilôts befanden sich einige bekannte Persönlichkeiten wie Betty Stern, Berliner Agentin von Marlene Dietrich, mit ihrer bildhübschen Tochter Nora, und Lou Albert-Lasard[80], die ich aus dem Café du Dôme kannte. Sie gab uns Zeichenunterricht und hielt mich für begabt. Sie schlug mir vor, mir nach unserer Rückkehr nach Paris gratis Unterricht zu geben. Ich bin zurückgekehrt, aber ich fürchte, dass ihr ein traurigeres Schicksal beschieden war.
Unter den Frauen, die aus Nizza zu uns kamen, waren einige recht elegante Damen, die sogar im Lager auf ihr Aussehen bedacht waren und sich pflegten, so gut es ging. Sie ließen sich von anderen Gefangenen maniküren und frisieren und erschienen mir wie Gestalten aus einer anderen Welt. Eine von ihnen besaß ein Pendel, mit dem sie unsere Büchsennahrung überprüfte, so z. B. Leberpastete, die oft verdorben war. Kreiste das Pendel, war die Pastete gut, pendelte es aber hin und her, warnte sie vor dem Verzehr. Sie bependelte auch

Fotos von Ehemännern oder Verlobten, von denen man keine Nachricht mehr bekommen hatte. In den meisten Fällen kreiste das Pendel, das hieß, er lebt. Einmal hatte ich einen Anfall – es war reine Hysterie –, sah aber wie ein Herzanfall aus. Meine Kameradinnen waren bestürzt und wollten die Krankenschwester rufen, die Frau mit dem Pendel aber beruhigte sie: Das Pendel kreiste.

Meinem Strohsack gegenüber schlief eine ältere Dame, Frau Ohnstein[81], der ich sympathisch war und die sich sehr um mich kümmerte. Wir freundeten uns an und versprachen uns gegenseitig, in Paris Kontakt aufzunehmen. Wann das sein würde, wusste niemand. Sie hatte ihren Mann vor kurzem verloren und war ganz verzweifelt. Merkwürdigerweise tat ihr die Abwechslung des Lagerlebens eher gut. Es lenkte sie von ihrem Kummer ab. Andere ältere Frauen konnten sich erheblich schechter mit der Situation abfinden. Es gab einige Nervenzusammenbrüche. In unserem Ilôt wurde eine Vierzigjährige wahnsinnig.

Dann brach die Ruhr aus und verbreitete sich wegen der schlechten hygienischen Bedingungen wie ein Lauffeuer. Die Krankenbaracke war bald überfüllt. Auch mich erwischte es. Die Ilôt-Chefin hatte den Auftrag, alle neuen Fälle sofort zu melden. Die Kranken wurden schnell fortgeschafft. Wohin? Jedenfalls waren meine Barackengenossinnen rührend um mich bemüht und wollten nicht zulassen, dass man mich abtransportierte. Sie versuchten, meinen Zustand zu verbergen, und pflegten mich. Ich bekam ein paar Scheiben Graubrot, das sie vorher für mich rösteten. Ich weiß nicht mehr, wie sie das fertig brachten, aber tatsächlich überstand ich die Krankheit schnell und war nach einer Woche wieder auf den Beinen. Es gab jedoch einige Todesfälle im Lager, bevor man der Epidemie Herr werden konnte.

Inzwischen schrieb man schon August. Viele unserer Leidensgefährten waren inzwischen in Freiheit, aber wir saßen weiterhin hinter Stacheldraht. Es hieß, dass man mit einem Passierschein, einem »Laissez-Passer«, freikäme. Meiner Mutter gelang es schließlich, mir einen solchen zu schicken. Mit der Kopie ihres französischen Passes und dem Passierschein erhielt ich nun endlich meine Befreiungspapiere[82]!

Diesmal wollte ich nicht erst einen Schlachtplan entwerfen, sondern, trotz Geldmangels, gleich aufbrechen. Mein Ziel: Paris, zurück zur

Mutter! In welchem Zustand würde ich sie vorfinden? Ella Liebermann, ein junges hellblond gelocktes, blauäugiges Mädchen, war auch gerade freigekommen. Sie schlug mir vor, zusammen zu reisen. Man hätte sie nie für eine Jüdin gehalten. Ich willigte gerne ein. Und nun begann eine regelrechte Odyssee.

Bevor Ella und ich das Lager verließen, wurden einige Männer aus einem anderen Lager nach Gurs gebracht. Seit dem Waffenstillstand waren die Vorschriften etwas gelockert worden und wir durften uns im Lager gegenseitig besuchen. Vorher wäre das unmöglich gewesen. So liefen wir hinaus auf die Straße, die mitten durch das Lager führte, um die Neuankömmlinge zu begrüßen, die auf ihre Einteilung in die Baracken warteten. Wir gaben Auskunft und stellten viele Fragen. Und so fand ich meinen Onkel Erich, der auch schon nach mir suchte. Es war ein ergreifendes Wiedersehen.

Diese Männer waren anscheinend keine Gefangenen, sondern nur aus organisatorischen Gründen vorübergehend nach Gurs gebracht worden. Onkel Erich schlug mir vor, mit ihm nach Pau, der Hauptstadt des Departements, zu gehen. Dort waren schon viele Flüchtlinge, auch Frauen aus Gurs, gelandet. Als ich seinen Vorschlag ablehnte und ihm eröffnete, dass ich nach Paris zurückkehren wolle, starrte er mich entgeistert an. »Du begibst dich in die Höhle des Löwen. Dort sind die Deutschen! Weißt du, was du riskierst?« »Ich lasse meine Mutter nicht im Stich! Sie ist nach Frankreich gegangen, um meinen Vater und mich zu retten, und da soll ich sie jetzt ihrem Schicksal überlassen?« Er konnte mich verstehen, war jedoch sehr besorgt. Unser Wiedersehen war nicht von langer Dauer, schon scheuchte man uns wieder auseinander. Die Männer mussten sich gruppieren und wir in unsere Baracken zurückkehren. Noch eine herzliche Umarmung, viele gute Wünsche und wir waren getrennt. Ein schwerer Abschied! Würden wir uns je wieder sehen?

Ich habe Onkel Erich nie mehr gesehen. Er starb 1942 an einer schweren Herzerkrankung im Krankenhaus von Pau, ganz allein. Im Krieg 1914–18 hatte er in der deutschen Armee gegen Frankreich gekämpft, wie auch mein Vater und ihre beiden Brüder Siegbert[83] und Paul. Siegbert war gleich zu Anfang des Krieges gefallen. »Der Dank des Vaterlandes ist euch gewiss!«

Rückkehr ins besetzte Paris

Am nächsten Morgen machten Ella und ich uns auf den Weg.
Außer meinem eigenen Gepäck hatte ich noch Paulas zu tragen. Ihr
großer Koffer war nicht leicht. Am ersten Tage schafften wir es in
mehreren Etappen bis Tarbes, zum Teil per Anhalter, und das, obwohl es sehr wenig Autoverkehr gab. Es war schon Abend, als wir
den Bahnhof erreichten. Der Wartesaal war überfüllt. Es gab keinen
Zug mehr nach Paris. Vielleicht morgen? In dieser ersten Nacht in
Freiheit versuchte ich, ein paar Stunden zu schlafen, auf einem Ge-
päckwagen. Heute gibt es solche wohl kaum noch auf Bahnhöfen.
Auf jeden Fall war es das unbequemste Bett, auf dem ich je geschlafen habe. Mir fehlte direkt mein alter durchgelegener Strohsack.
Durch die Eisenstangen des Wagens blies der Wind. Ella hatte eine
Bank in der Nähe ergattert. So waren wir wenigstens an der frischen Luft und nicht zusammengepfercht wie die Menschen im
Wartesaal. Die Nächte in den Pyrenäen sind kalt. Die Eisenstangen
drückten. Züge rangierten und stießen schrille Pfiffe aus. Es waren
nicht gerade die idealen Schlafplätze.
Am frühen Morgen waren wir zur Weiterfahrt bereit, müde und
hungrig, aber voller Hoffnung, einen Zug zu erwischen. An Fahr-
kartenlösen war gar nicht zu denken. Es ging alles drunter und drüber. Alle wollten wie wir irgendwo hin und nahmen die erstbeste
Gelegenheit wahr, ihrem Ziel wenigstens etwas näher zu kommen.
Fahrpläne gab es nicht. Plötzlich fuhr ein Zug ein. »Wohin? Nach
Toulouse? Den nehmen wir!« So kamen wir Paris ein bisschen näher.
In Toulouse ging es zunächst nicht weiter. Wir warteten und warteten. Die Zeit verging nicht. Ich nehme an, dass wir etwas gegessen
haben, aber erinnern kann ich mich nicht mehr. Plötzlich am
späten Nachmittag lief auf einem der hinteren Gleise ein Güterzug
ein. Ella und ich sahen uns an, dann liefen wir im Eiltempo über
die Gleise, ich immer noch mit Paulas Koffer. Der Zug war überfüllt mit belgischen Soldaten. Die halfen uns einzusteigen, und wir
befanden uns plötzlich in einem Viehwagen voller Soldaten. Es waren auch Polen dabei, die für Frankreich gekämpft hatten.
Am liebsten wären wir gleich wieder ausgestiegen, aber der Zug
setzte sich in Bewegung. »Wohin?«, fragten wir. »Limoges!« Das

war eine gute Nachricht, denn es brachte uns unserem Ziel ein gutes Stück näher. Die Soldaten waren nett. Sie gaben uns Schokolade. Wie lange hatte ich keine mehr gegessen? Die Zeit verging ziemlich schnell und es wurde schon dunkel. Die Männer waren auch erschöpft. Wer weiß, wie lange sie schon unter diesen Umständen unterwegs waren. Die meiste Zeit mussten sie stehen, denn zum Sitzen war kein Platz.

Wir fuhren die ganze Nacht hindurch. Der Zug bummelte durch die Gegend. Schließlich setzten sich alle, so gut wie möglich, zusammengepfercht mit angezogenen Knien. Auch Ella und ich versuchten, es uns irgendwie auf dem Boden bequem zu machen. Plötzlich fühlte ich eine Hand an meinem Bein entlang tasten. Das Blut erstarrte mir in den Adern. Zwei junge Mädchen in einem Waggon voller Soldaten. Was stand uns jetzt bevor? Ich schaute in die Richtung, aus der die Hand kam, und sagte: »Vous savez, ça c'est pas chic, non ce n'est pas chic!« (Das ist nicht fair, nein, das ist wirklich nicht fair!) Sofort zog der Soldat seine Hand zurück und ließ mich in Ruhe.

In Limoges mussten wir nach kurzem Aufenthalt, den wir wie viele andere auch nutzten, um die Bahnhofstoilette aufzusuchen, umsteigen. Mit dem nächsten regulären Zug erreichten wir schließlich die Demarkationslinie, die das noch unbesetzte vom besetzten Frankreich trennte, und zwar in Loches. Dort trafen wir zum ersten Mal auf deutsche Soldaten. »Papiere!« Wir zeigten unsere Laissez-Passer und Ausweispapiere vor und erwarteten zitternd, was mit uns geschehen würde. Ella war der ideale Typ eines BDM-Mädchens, was man von mir allerdings nicht sagen konnte. Der Soldat blickte mich forschend an. »Helga Treuherz, geboren in Steglitz!« Dann gab er mir wortlos die Papiere zurück und mein Herz fing an, wieder ruhiger zu schlagen.

Der Zug fuhr jedoch nicht bis Paris, sondern hielt in einem kleinen Städtchen, ungefähr 100 km vor der Stadt. Es war schon spät geworden und wir mussten an eine Unterkunft denken. Weit hinter dem Ende des Bahnsteigs sahen wir ein Gebäude, das einer Scheune glich. Wir beschlossen, es uns näher anzusehen und schleppten uns mühsam dorthin. Siehe da, es war eine richtige große Scheune mit viel Stroh. So ein Glück! Erschöpft ließen wir uns auf den Boden fallen und schliefen sofort ein.

Es war ein heller Sonnentag, als wir schließlich erwachten. Wir fühlten uns etwas erholt, denn so fest hatten wir schon lange nicht mehr geschlafen. Wir ordneten unsere Kleider und unsere Haare und blickten uns an. »Ella, was ist mit dir, bist du krank?«, rief ich erschrocken. Ihr Gesicht war über und über mit roten Flecken bedeckt, als habe sie die Windpocken. Es stellte sich heraus, dass auch ich nicht besser aussah. Und dann erst entdeckten wir, dass das Stroh von Flöhen wimmelte! Wahrscheinlich hatten vor uns schon andere dort Zuflucht gesucht, vielleicht Soldaten, und hatten ihre Visitenkarte hinterlassen.

An diesem Tag erreichten wir endlich Paris, Gare d'Austerlitz. Ella wohnte in der Nähe der »Place de la République«, recht weit entfernt. Ich habe vergessen, wie sie dorthin kam. Später habe ich sie nur noch zweimal getroffen. Dann verloren wir uns aus den Augen. Trotz meines schweren Gepäcks beschloss ich, zu Fuß nach Hause zu gehen, denn ich hatte ja kein Geld und die Avenue de Corbéra war gar nicht so weit: über die lange Brücke bis zum Boulevard Diderot, dann am Gare de Lyon vorbei noch ein gutes Stück weiter. Es schien gar nicht so schlimm. Vielleicht drei Kilometer? Das ließ sich nun auch noch schaffen, allerdings mit letzter Kraft. Ich klingelte an unserer Tür. Meine Mutter öffnete, starrte mich an und fragte: »Wer sind Sie?« Aber dann fielen wir uns in die Arme und begannen zu erzählen.

Meine Mutter allein in Paris

Wie hatte meine Mutter die langen Monate in Paris ganz allein überstanden? Sie beherrschte die Sprache doch gar nicht. Zu Anfang waren da die Frau Sudowicz und Dina, die im 2. Stock wohnten und sich rührend ihrer annahmen, auch Masza Waisblat gehörte zu dem Kreis. Außerdem half ihr das Komitee weiterhin, die große amerikanische Hilfsorganisation. Einmal in der Woche holte sich meine Mutter dort den kleinen Betrag, der ihr das Überleben ermöglichte. Dort lernte sie eines Tages eine Frau Lipschütz kennen, deren Mann[84] Jude war und sich auch in einem Internierungslager befand. Ihre Tochter Hannelore war erst 13 Jahre alt, dadurch waren die beiden vom Lager verschont geblieben.

Als die deutsche Armee sich Paris näherte, brach Panik unter der Bevölkerung aus. Die schrecklichsten Gerüchte verbreiteten sich in der Stadt: »Die Soldaten schneiden den Frauen die Hände ab, bevor sie sie vergewaltigen. Sie bringen alle kleinen Kinder um.« Die Liste war lang. Meine Mutter und ihre neue Bekannte Frau Lipschütz schenkten all dem keinen Glauben. »Wir haben lange genug in Deutschland gelebt, um zu wissen, dass so etwas nicht wahr ist. Wir haben keine Angst vor den Soldaten!« Dass diese zu weit Schlimmerem fähig sein sollten, wenn ihnen der Befehl dazu erteilt wurde, überstieg das Vorstellungsvermögen der beiden.

Paris leerte sich innerhalb von Tagen. Tausende von Menschen schleppten sich die Landstraßen entlang, weniger mit Autos, eher mit Fahrrädern, Motorrädern und Pferdewagen, Handkarren oder zu Fuß. Mit ihren Habseligkeiten flüchteten sie in die noch nicht besetzten Gebiete. Sie erlitten wochenlang, was Ella und ich in drei Tagen erlebt hatten, allerdings hatten die meisten wenigstens Geld. Sie wussten nicht, wohin. Es gab Opfer, Kinder verloren ihre Eltern. Später wurden sie sogar von deutschen Kampfflugzeugen aus der Luft angegriffen. Es herrschten Chaos und Panik.[85]

Paris aber schien ausgestorben. Nur wenige waren geblieben: Alte, Kranke oder solche, die sich dem Schicksal ergeben hatten. Die Geschäfte blieben geschlossen. Es gab keine Lebensmittel zu kaufen. Familie Sudovicz war geflohen, aber Frau Lipschütz kam meiner Mutter zu Hilfe. Sie hatte Freunde, welche ein Restaurant führten. Bevor sie flüchteten, übergaben sie ihr die Schlüssel. Dort gab es Vorräte aller Art: Mehl und Trockenmilch, Eierpulver, Öl, Konserven und Kartoffeln, sogar Butter! Es war wie eine Oase in der Wüste. Und meine Mutter profitierte davon.

Die deutschen Soldaten waren aber gar nicht kämpferisch gestimmt. Im Gegenteil, sie waren von Paris sehr beeindruckt. Außerdem hatten sie strikten Befehl von oben, sich gesittet zu benehmen. Es dauerte nicht lange, da kamen die geflüchteten Pariser wieder zurück und bemerkten erstaunt: »Die Soldaten benehmen sich korrekt, dagegen ist nichts zu sagen!« Die Läden wurden wieder geöffnet. Und schon blühte auch der Schwarzmarkt. Viele »Patrioten« suchten, wie sie aus der Lage Profit schlagen könnten. Aber natürlich gab es auch sehr viele echte Patrioten, denen der Anblick jeder graugrünen Uniform einen Stich ins Herz versetzte. Gott sei Dank

Deutsches Rotes Kreuz
Präsidium / Auslandsdienst
Berlin SW 61, Blücherplatz 2

ANTRAG

auf Nachrichtenvermittlung
REQUÊTE

concernant la correspondance

1. Absender   Julius Treuherz
   Expéditeur

                  Berlin-Charlottenburg, Philippistr.8
                  lieu, au
   prie de bien vouloir faire parvenir à

2. Empfänger   Mme Else Treuherz
   Destinataire 3 avenue de Corbéra

                  Paris 12e

                  folgendes zu übermitteln / *ce qui suit:*
   (Höchstzahl 25 Worte!)
   (25 mots au plus!)

          Wie geht es Euch? Wovon lebt Ihr?

          Wo Erich? Hat er Existenzmöglichkeit?

          Reiner soll in Südafrika Stellung

          haben. Alle Verwandten und Freunde

          grüssen herzlichst.   Kuss

   (Datum / date) 17. Oktober 1940

                                    (Unterschrift / Signature)
3. Empfänger antwortet umseitig   Julius
   Destinataire répond au verso

DRK-Mitteilung von Julius Treuherz aus Berlin vom 17. Oktober 1940
(aus dem Besitz der Autorin).

kam auch die Familie Sudowicz mit Dina wieder nach Hause. So
wie ich mich die ganze Zeit um meine Mutter geängstigt hatte, war
auch sie in ständiger Sorge um mich gewesen.

Seit Ausbruch des Kriegs war der Postverkehr mit Deutschland un-
terbrochen. Erst jetzt konnten wir wieder mit meinem Vater korrespondieren. Unser gutes tapferes Päpschen! Erst viel später erfuhren
wir, was er durchgemacht hatte: Er war ein WWJ, ein Wirtschaft-
lich Wertvoller Jude[86], geworden, der für ein Minimum an Essen
ein Maximum an schwerer Arbeit leisten musste. Zu dieser Zeit
schleppte er schwere Kisten aus den Güterwagen auf einem Güterbahnhof. Dabei hatte er vorher nie körperlich schwere Arbeit geleistet. Aber wieder war er es, der uns in seinen Briefen Mut zusprach und sich nie beklagte.

Das Wiedersehen mit Paula

Paula habe ich nur zweimal wieder gesehen. Kurz nach meiner
Rückkehr brachte ich ihr den Koffer. Der Empfang[87] war trotz Kaffee und Kuchen viel kühler, als ich erwartet hatte. Das war nicht
mehr die Paula aus Gurs, meine Leidensgefährtin, mit der ich so
viel durchlebt hatte – das war eine Bekanntschaft, mit der mich
nichts mehr verband. Ich war enttäuscht.

Sie lud mich noch ein zweites Mal ein und fragte, was denn aus
dem kleinen Meta-Kocher geworden sei, den sie in ihrem Gepäck
vermisste. Sie ahnte, dass ich ihn für mich behalten hatte.

Ich habe den Kocher nie wieder benutzt, aber nach unseren Erleb-
nissen in Gurs war es mir schwer gefallen, mich von ihm zu trennen. Er war ja praktisch wertlos. Außerdem fand ich, dass mir eine
Belohnung für meine Mühe zustand. Auf Paulas Frage antwortete
ich also etwas verlegen, dass ich keine Ahnung hätte, wo der kleine
Kocher geblieben sein könnte. Offensichtlich glaubte sie mir nicht.
Dass ich ihren schweren Koffer zusammen mit meinen eigenen
Habseligkeiten tagelang unter den schwierigsten Bedingungen mit
mir herumgeschleppt und ihn ihr unversehrt wiedergebracht hatte,
schien sie für selbstverständlich zu halten.

Wir sahen uns daraufhin nie wieder. Ich habe meinen kleinen Be-
trug immer bedauert. Ich glaube zu wissen, dass Paula, die offen-

sichtlich sehr verliebt in ihren Feuerwehroffizier war, gehofft hatte, dass er sie nach dem Tode seiner Frau heiraten würde. Das war jedoch nicht der Fall. Seine Familie hätte diese Verbindung kategorisch abgelehnt. Ihr weiteres Schicksal ist mir nicht bekannt.

Ich suche eine Anstellung

Langsam verlief das Leben wieder in normaleren Bahnen. Man gewöhnte sich an die allgegenwärtige Präsenz des Feindes. Das Hilfskomitee war verschwunden, weil es eine jüdische Organisation aus Amerika war. Ich musste unbedingt versuchen, eine Anstellung zu finden. Dabei wurde ich immer wieder mit der Frage konfrontiert: »Sind Sie Jüdin?« Und mit Bedauern wies man mich ab. Unsere Lage wurde von Tag zu Tag kritischer. Frau Lipschütz fragte uns eines Tages: »Warum gehen Sie nicht zum deutschen Arbeitsamt?«
Es gab in Paris ein von deutschen Behörden geführtes Arbeitsamt. Allein die Idee dorthin zu gehen, ließ mir die Haare zu Berge stehen. Aber meine Mutter war da anderer Ansicht. »Wir können nicht so weitermachen, wovon sollen wir denn leben? Ich begleite dich, ich bin ›arisch‹ und sehe ›arisch‹ aus. Du bist ›Halbarierin‹, was riskieren wir?« Auf dem Arbeitsamt in der Nähe des Eiffelturms fragte man mich, nachdem ich einen langen Fragebogen ausgefüllt hatte: »Haben Sie eine Kennkarte?« Ich wusste gar nicht, was damit gemeint war, und verneinte. »Dann gehen Sie zur NSDAP und holen sich eine!« »Aber mein Vater ist Jude«, wandte ich schüchtern ein. »Wir sind hier in Paris und nicht in Berlin. Gehen Sie zur NSDAP und holen sich eine!«, war die Antwort.
Am nächsten Morgen machten wir uns auf den Weg zur NSDAP am Boulevard de la Madeleine. Man verwies uns, nachdem wir einen weiteren Fragebogen ausgefüllt hatten, an ein Büro, in welchem zwei Beamte in Zivil an einem riesigen Schreibtisch saßen. Beide trugen Parteiabzeichen. Der jüngere bat uns zu sich. Nachdem er den Fragebogen überprüft hatte, nahm er meinen Pass zur Hand, in dem auf der ersten Seite ein großes rotes J prangte. J gleich Jude. »Aber Fräulein Treuherz, Sie haben doch einen Judenpass!«, sagte er sofort und der Gegenübersitzende blickte von seinen Akten auf. Er war älter und wirkte freundlicher. »Sagten Sie Treuherz?«,

fragte er seinen Kollegen. Als dieser bejahte, fügte er hinzu: »Hätten Sie etwas dagegen, wenn ich den Fall übernähme?« »Nein, bitte sehr!«, war die Antwort. Zu meinem Glück. Wir wechselten den Platz und befanden uns nun auf der gegenüberliegenden Seite des großen Schreibtischs.

»Treuherz«, wiederholte er. »Aus Berlin. Haben Sie da vielleicht die Firma Treuherz & Fuß gekannt?« »Ja, natürlich, das war das Geschäft meines Großvaters[88]!«, rief ich aus. »Na, so ein Zufall«, sagte er jetzt. »Ich habe den alten Treuherz gut gekannt. Ich war damals Laufjunge bei einer anderen Firma und hatte oft bei Treuherz & Fuß etwas abzuliefern. Ein netter Herr war Ihr Großvater und spendabel mit Trinkgeldern!« Er zwinkerte mir zu und bat uns, einen Moment zu warten. Bald darauf kam er mit meinem Pass wieder zurück. »Dieser Pass wurde doch ausgestellt, als Sie noch nicht volljährig waren! Wie sind Sie zu ihm gekommen?« Ich erzählte, dass ich damals selbst die nötigen Schritte unternommen hatte und man mir beim Übergeben des Passes das rote J eingestempelt hatte. »Also hat das alles keine Gültigkeit«, behauptete er und stellte mir prompt eine Kennkarte[89] aus. »Suchen Sie mich auf, wenn Sie etwas brauchen«, fügte er hinzu und wurde mir trotz des Parteiabzeichens immer sympathischer. »Mein Name ist Liebeskind[90]«, fügte er noch hinzu. Wahrscheinlich hatte er einen jüdischen Urgroßvater gehabt. Wie wäre er sonst zu diesem Namen gekommen? Später pflegte er zu sagen: »Fürs Gewesene gibt der Jude nichts und Liebeskind auch nicht!«

Diese Episode lässt mich an die weisen Worte eines alten jüdischen Schriftgelehrten denken: »Hahaim vhamavet bjad halaschon.« Was man übersetzen könnte mit: »Das Leben und der Tod liegen in der Hand des Wortes!« Es hat natürlich eine tiefere Bedeutung, aber der Beamte hätte ja einfach sagen können: »Aber Sie haben doch einen Judenpass«, ohne Fräulein Treuherz hinzuzufügen, und Liebeskind wäre gar nicht auf uns aufmerksam geworden. Dann hätte ich keine Kennkarte erhalten, und er hätte uns aus den Augen verloren.

Diese Kennkarte aber war ein wichtiger Ausweis. Leider musste ich sie bei der Befreiung von Paris vernichten, denn sie hätte mir gefährlich werden können. Es war eine einfache, orangene, rechteckige Karte, auf der nur Name, Adresse und Beruf vermerkt waren, keine

Religionszugehörigkeit. Oben stand in großen schwarzen Buchstaben NSDAP, und am unteren Ende war ein Hakenkreuzstempel, der den Eindruck erwecken konnte, ich sei Mitglied der NSDAP, was mich bei vielen Polizeistreifen rettete.

Verwirrt, aber erleichtert verließen wir die Höhle des Löwen. Und meine Mutter triumphierte: »Siehst du, es war gar nicht so schlimm! Und nun gehen wir gleich zum Arbeitsamt.« Dort trug man mich sofort in eine Liste ein und versprach mir, mich zu benachrichtigen, wenn sich etwas Passendes bieten sollte. Es dauerte nicht lange, da erhielt ich eine Vorladung zu einer Dienststelle der Wehrmacht. Das erstaunte mich, aber ich begab mich sofort zur angegebenen Adresse: eine herrliche Villa am Rond Point des Champs-Elysées, ein feudaler Arbeitsplatz. Ich wurde als Büroangestellte für Stenographie und Schreibmaschine eingestellt und konnte sofort mit der Arbeit beginnen. Auf die mir später noch oft gestellte Frage, warum ich denn keiner Dienststelle angehörte, antwortete ich: »Ich bin Auslandsdeutsche.« Das wurde allgemein akzeptiert.

Die Atmosphäre in diesem Wehrmachtsbüro war angenehm, die Arbeit leicht. Meine Kollegen waren alle uniformiert, meistens Offiziere, freundlich und zuvorkommend. Bis auf einen, der sich abweisend zeigte und mich verstohlen beobachtete. Am dritten Tag meiner Tätigkeit rief mich der Hauptmann, der das Büro leitete, zu sich. Er war verlegen und fühlte sich sichtlich unbehaglich. »Fräulein Treuherz«, sagte er zögernd, »ich bin gezwungen, Ihnen eine Frage zu stellen: Sind Sie ›arisch‹?« »Nein«, antwortete ich, »ich bin ›halbarisch‹, wie ich es auch ausdrücklich auf dem Arbeitsamt betont habe.« »Ach«, sagte er, »wie schade! Ich bin sehr zufrieden mit Ihnen und hätte Sie gerne behalten, aber unter diesen Umständen darf ich es nicht. Alle Kollegen waren sehr mit Ihnen einverstanden, aber es gibt da einen, dem Ihre Nase nicht gefällt.« Ich wusste genau, wer dieser eine war, aber stand wieder auf der Straße. Das zeigte die Aussichtslosigkeit der Lage. Wie konnte das Arbeitsamt mir eine solche Stelle vermitteln? Wahrscheinlich hatten sie keinerlei freie Stellen in privaten Betrieben. Ich ging mutlos nach Hause.

Der Stoffhandel

Da bot sich plötzlich ein Ausweg: Dina, die Pelznäherin, kam uns wieder einmal zu Hilfe. Sie hatte zwar durch die Besatzung selber ihre Arbeit verloren, denn ihr Chef, ein Kürschner, war ausgewandert, aber ihre tüchtige, lebenskluge ältere Kusine, die jede Situation zu nutzen wusste, hatte ihr Folgendes erklärt: Nach und nach war bekannt geworden, dass viele deutsche Einheiten in Wäldern und kleinen, abgelegenen Ortschaften im Pariser Raum stationiert waren. Was sie dort taten, war unklar, aber eins war sicher: Diese Soldaten, meistens Wehrmacht, manchmal auch Luftwaffe, bekamen selten Urlaub, um nach Paris zu fahren. Sie langweilten sich und hatten keine Gelegenheit, für ihre Frauen und Kinder Geschenke einzukaufen.[91] Sie waren besonders auf Kleider- und Anzugstoffe erpicht. Und die Quelle dazu stand Dinas Kusine offen, da sie aus der Stoffbranche war. Da gab es noch große Vorräte von Stoffen aller Art. Sie selbst hatte bereits eine militärische Einheit aufgestöbert und großen Erfolg gehabt. Sie versprach, Dina so viel Stoffe zu besorgen, wie sie wollte.

Dina hatte Angst. Ihre polnischen Papiere waren keine gute Empfehlung. Sie sprach zwar fließend deutsch, mit Leipziger Tonfärbung, was aber, wenn man merkte, dass sie Jüdin war? Da kam ihr meine Entlassung sehr gelegen. Zusammen machten wir einen Plan: Ihr jüngerer Bruder Joachim sollte zuerst einmal mit meiner Mutter als Aushängeschild die Lage auskundschaften. Meine Mutter, mit ihren blauen Augen, dem hellen Haar, ihrer graden Nase und guten Figur, machte Eindruck. Sie war Französin und hatte in Berlin gelebt, was konnte besser sein? Joachim würde den Koffer tragen und sie die Verhandlung führen. Sie war Mitte fünfzig, sehr rüstig und konnte gut marschieren. Wenn der Versuch klappen sollte, würde Dina mit mir auf die Tour gehen.

Es klappte besser als erwartet. Die beiden machten sich früh am Morgen auf den Weg zum Bahnhof. Dort warteten sie auf einen Zug. Es gab wenige Züge für die Zivilbevölkerung, manchmal nur einen am Tag in jede Richtung. Man musste die Geschäfte am Abend zeitig beenden, um den letzten Zug nach Paris nicht zu versäumen.

Joachim und meine Mutter fuhren vom Gare Montparnasse in Richtung Rambouillet. Unterwegs stiegen sie aus und marschierten aufs Geratewohl durch ein Städtchen auf einen Waldrand zu. Sie gingen und gingen, ohne ein Anzeichen von deutschen Truppen zu entdecken. Sie wollten gerade umkehren, denn sie hatten schon sieben Kilometer zurückgelegt, als sie auf der kleinen Straße, die durch den Wald führte, ein Militärfahrzeug sahen. Es kam aus dem Tor der langen Mauer, der sie schon seit einer Weile gefolgt waren. Klopfenden Herzens näherten sie sich dem Tor. Meine Mutter erklärte dem Posten, mit welcher Absicht sie kamen. Dieser telefonierte mit dem Hauptfeldwebel. Und eine halbe Stunde später wurde ihnen Einlass gewährt. Es handelte sich um eine berühmte Zisterzienser-Abtei aus dem 12. Jahrhundert, Les-Vaux-de-Cernay[92], die von der Wehrmacht besetzt war. Auf einem Tisch im Hof breitete Joachim die Stoffe aus und im Nu war alles ausverkauft. Die beiden machten sich mit den leeren Koffern auf den langen Rückweg. »Kommt bald wieder!«, riefen ihnen die Soldaten nach.

Meine Mutter erhielt den versprochenen Anteil, und alle waren begeistert über den Erfolg. Sie und Joachim wollten weiterarbeiten, und auch Dina und ich sollten uns zusammen auf den Weg machen. Da sie die Ware beschaffte und verkaufte, sollte ich eine gewisse Summe für meine Hilfe bekommen. Wenn wir auch nicht gleich so großen Erfolg hatten wie die beiden anderen bei ihrem ersten Versuch, so fanden auch wir immer wieder neue Absatzmöglichkeiten. Dina meinte, dass ich mehr verdienen müsse und überredete mich, weitere Artikel dazuzunehmen.

Bald fand ich einen Lederwarenfabrikanten, der mir in Kommission mehrere Artikel wie Brieftaschen, Portemonnaies, Gürtel zum Verkauf anvertraute. In einem anderen Geschäft entdeckte ich sehr schöne hellblaue Herrenhemden, wie sie die Luftwaffe trug. Und auch dieser Ladenbesitzer vertraute mir jedes Mal einige Hemden an, die ich ihm nach Verkauf bezahlte. So verdienten wir beide genug zum Leben. Außerdem tat uns das viele Wandern an der frischen Luft sehr gut. Dina hatte vorher nie so rote Wangen und leuchtende Augen gehabt. Wir legten durchschnittlich 12 bis 15 km am Tag zurück. Wir kannten unser Ziel nie im Voraus, und es konnte vorkommen, dass wir keine Soldaten fanden und mit vollen Koffern nach Hause zurückkehren mussten. Aber nach und nach schafften wir uns einen festen Kundenkreis.

Meine Mutter wird krank

Meine Mutter und Joachim aber gingen nie wieder in die große Abtei. Sie hatte sich an diesem Tage dort eine schwere Erkältung zugezogen, wurde bald bettlägerig, klagte über starke Übelkeit und verweigerte das Essen. Voller Angst zog ich einen Arzt zu Rate, der eine Darmgrippe diagnostizierte. Es wurde jedoch immer schlimmer. Sie klagte über unerträgliche Kopfschmerzen. Ich wusste mir keinen Rat. Eines Morgens erwachte sie und sagte: »Ich sehe alles doppelt!« Und ich stellte fest, dass sie schielte. Dumm war ich, schrecklich dumm! Ich verstand nicht, wie schwer krank sie war und schleppte sie mit der Métro zum berühmten Pariser Ophtalmologischen Krankenhaus, dem Quinze-Vingt[93]. Der Professor dort stellte sofort die richtige Diagnose. Es hatte gar nichts mit den Augen zu tun. Es war eine »Infection névrite«, eine Nerveninfektion. Ein Nerv im Rückenmark war getroffen und hatte eine Lähmung verursacht, merkwürdigerweise an einem Augenmuskel. Es hätte auch einen anderen, beliebigen Muskel im Körper treffen können.
Der Professor verwies uns an das Rothschild-Krankenhaus[94]. Als wir dort ankamen, war meine Mutter in einem derartig schlechten Zustand, dass die Krankenschwester uns sofort zum Dienst habenden Arzt führte, trotz des überfüllten Wartezimmers. »Wir behalten Sie gleich da«, erklärte man ihr. Sie war sichtlich erleichtert, endlich in ein Bett zu kommen, ich aber war bestürzt. Zu dieser Zeit lagen die Kranken noch in riesigen Sälen beieinander, etwa 40 Betten gab es in jedem Saal. Ab und zu wurden zwei Wandschirme um ein Bett herumgestellt, und jeder wusste, was das bedeutete. Irgendwann war das Bett leer, aber nicht für lange. Schweren Herzens und sehr besorgt ging ich nach Hause. Meiner Mutter schien mein Fortgehen nichts auszumachen, sie war am Ende ihrer Kraft.
Jeden Tag besuchte ich sie. Ging es ihr etwas besser? Der Professor empfing mich. »Wir tun alles, was in unserer Macht steht«, sagte er, »aber ich darf Ihnen nicht verschweigen, dass das Leben Ihrer Mutter in Gefahr ist.« Ich war verzweifelt, nichts tun zu können. Ich konnte nur hoffen und warten. Das war schwer. Jedenfalls fand ich sie bei meinen nächsten Besuchen nicht in schlechterer Verfas-

sung vor. Ich lernte ihre Bettnachbarn kennen. Eines Tages sagte mir die eine bei meiner Ankunft: »Es geht ihr besser!« Und es stimmte. Mutti sagte zu mir: »Wenn ich jetzt eine gute Bratenstulle hätte, würde ich gesund werden. Beschaff mir doch eine Bratenstulle!« Das war ein untrügliches Zeichen, dass die Krise überwunden war. Mir fiel ein Felsen vom Herzen! Aber wo sollte ich plötzlich eine Bratenstulle hernehmen? Alles war rationiert. Außerdem kannten die Franzosen keine Bratenstullen. Mit viel Mühe fabrizierte ich ein Butterbrot mit viel Butter und gebratenem Fleisch und beobachtete gespannt, wie sie es aß. »Ist es das, was du wolltest?«, fragte ich besorgt. Es war nicht genau, was sie sich erträumt hatte, aber es schmeckte ihr, und ich war glücklich.

Bald durfte ich sie nach Hause bringen, wo sie noch eine Zeit lang im Bett liegen musste. Wie der Augenarzt vorausgesehen hatte, war die Sehkraft geschwächt. Sie sollte nun ständig eine Brille tragen, deren eine Seite wir mit einem Papier verklebt hatten, weil sie immer noch schielte. Langsam ging die Lähmung des Augenmuskels zurück, und sie konnte wieder normal sehen. Dina und ich konnten unsere Tätigkeit wieder aufnehmen.

Erlebnisse mit deutschen Soldaten

Meine Mutter und Joachim drängten uns, bald einmal die Abtei aufzusuchen, in der sie so erfolgreich gewesen waren, und versicherten, dass wir es nicht bereuen würden. Sie beschrieben uns den Weg, und wir zogen guten Mutes und schwer mit Ware beladen los. Auf dem langen Weg durch den Wald sangen wir all die Lieder, die ich Dina beigebracht hatte. Es waren meistens deutsche Wanderlieder. Wir waren jung und fröhlich trotz des Bösen, das sich um uns herum anbahnte. Wir waren fröhlich, weil wir jung waren.

Auch uns bescherte man einen freundlichen Empfang. Wir sollten unsere Ware auf einem schnell herbeigeschafften Tisch im Hof ausbreiten. Da erschien plötzlich ein junger blonder Offizier. »Wer sind die Frauen?«, fragte er. Man erklärte es ihm, und er befahl uns, ihm zu folgen. Er hatte in Erfahrung gebracht, dass ich Deutsche war, Dina aber Polin. Diese Abtei, die seit dem 19. Jahrhundert in den Besitz der Familie Rothschild übergegangen war, ist ein Prachtstück der Architektur. Tief beeindruckt, aber nichts Gutes ahnend, folgten wir ihm über die herrschaftliche, neugotische Steintreppe in den ersten Stock. Er führte uns den langen Gang entlang bis zu seinem Zimmer und bat mich einzutreten. »Nein, nur Sie«, sagte er und fügte hinzu, nachdem er die schwere Eichentür hinter uns geschlossen hatte: »Mit Polenschweinen will ich nichts zu tun haben.« Ich erschrak und das Blut stieg mir zu Kopf. Die Lage wurde gefährlich. »Bitte setzen Sie sich doch«, bat er mich äußerst liebenswürdig. Ich folgte seiner Aufforderung, und er begann ein Gespräch, auf dessen Inhalt ich mich nicht besinnen kann. Ich war jetzt in größter Panik, was mit Dina geschehen würde und wie ich hier wieder herauskäme. Plötzlich fing er an, meine Beine zu streicheln. »Bitte lassen Sie das, was soll das?«, versuchte ich, mich zu verteidigen. Er insistierte: »Ach, nur ein bisschen am Beinchen. Bitte, nur ein bisschen am Beinchen!« – Auch nachdem so viele Jahre vergangen sind, ist mir diese Szene noch immer gegenwärtig. Ich habe sie meinen Freundinnen erzählt. Noch heute, wenn eine »ein bisschen« sagt, fügt die andere automatisch hinzu: »am Beinchen«. Damals war mir jedoch gar nicht zum Lachen zumute. Ich suchte verzweifelt nach einem Weg, ihm zu entkommen. Da klopfte es an der Tür. »Herein!«, sagte er mit hochrotem Kopf und recht mürrisch. Es war seine Ordonanz. »Der Herr Hauptmann möchte Sie sprechen, Herr Leutnant«, sagte der Soldat. Mein Verehrer sprang sofort auf und verließ den Raum. Ich auch.

Was war geschehen? Während ich mit ihm dort eingesperrt war, lief Dina verzweifelt auf dem langen Gang auf und ab. Da erblickte sie die Ordonanz und flehte den Soldaten an, mich aus dem Zimmer des Offiziers zu befreien. »Ach, sie ist bei dem?«, sagte er bestürzt. »Ja, aber ich kann da gar nichts machen, er ist doch mein Vorgesetzter.« Während er noch nachdachte, was man tun könne, denn auch ihm gefiel die Angelegenheit anscheinend nicht, erschien plötzlich der Hauptmann auf der Bildfläche. Der Soldat erstarrte in strammer Haltung. »Was geht hier vor?«, wollte der Hauptmann wissen. »Und wer ist diese junge Dame?« Die beiden erklärten es ihm. Dina war wie gelähmt vor Angst. »Bringen Sie den Herrn Leutnant sofort zu mir!«, befahl er.

Wir beeilten uns, die Treppe zu erreichen. Da erschien er plötzlich – vom Leutnant war nichts zu sehen – und stellte sich vor: »Hauptmann von Ventur.« Sein Name grub sich in mein Gedächtnis ein. Er war eine Respekt gebietende Erscheinung, ein Aristokrat. Er stellte uns ein paar Fragen, blieb liebenswürdig, aber sagte mit Bestimmtheit: »Sie sehen selbst, meine Damen, dass dies hier nicht der geeignete Ort für zwei junge Mädchen ist. Ich muss Sie also bitten, die Abtei sofort zu verlassen und nicht wieder herzukommen.« So liefen wir denn den langen Weg bis zum Bahnhof wieder zurück, diesmal mit vollen Koffern, enttäuscht, gedemütigt, aber erleichtert, denn es hätte ja viel schlimmer kommen können.

Trotz dieses Vorfalls hatten wir bald einige Stammkunden. So waren wir eines Tages in einem Schloss in der Nähe des berühmten Malerdorfs Barbizon gelandet, wo eine Kompanie der Luftwaffe untergebracht war und man uns einen freundlichen Empfang bereitete. Der »Spieß«, der für die Verwaltung zuständige Hauptfeldwebel, schlug vor, dass wir jede Woche am Sonnabend um zwölf Uhr im Schlosshof erscheinen und unsere Ware anbieten sollten. Diese Einrichtung war so erfolgreich, dass wir von nun an unsere Wochenenden dort verbringen wollten. Wenn unsere Arbeit beendet war, mussten wir so nicht die fünf Kilometer zum Bahnhof zurücklegen, sondern konnten uns an der schönen Umgebung erfreuen und die Natur genießen.

In dem benachbarten Dörfchen Fleury[95] gab es ein kleines Lokal, mehr eine Spelunke, in dem ein Wirt namens Prosper uns sehr billig ein Zimmer mit einem großen Bett vermietete. Fließendes Wasser gab es nicht, die Toilette lag im Hof, aber wir arrangierten uns.

Um uns vor unliebsamen Abenteuern zu schützen, freundeten wir uns mit zwei Unteroffizieren an, mit denen wir lange Spaziergänge unternahmen. So ließen die anderen uns in Ruhe. Mein Unteroffizier war ein großer, schlanker, gut aussehender junger Mann, wohlerzogen und gepflegt. Er hieß Rudi. Dinas Begleitung war klein, stämmig und eigentlich weniger sympathisch, aber wir durften nicht wählerisch sein. Er hieß Georg. Die Hauptsache war, dass sie keine Fanatiker waren, die uns eventuell misstrauische Fragen hätten stellen können. Mit Dinas Papieren fühlten wir uns ständig in Gefahr.

Bei unserem ersten Spaziergang auf dem schmalen Feldweg, der nach Barbizon führt, stellten wir uns näher vor. Rudi war Feinmechaniker von Beruf. Er war jung verheiratet. Ich selbst hatte einen

Verlobten in Afrika. Ich liebte ihn und war ihm treu. Wir waren also beide gebunden und suchten kein romantisches Abenteuer, ganz abgesehen von der Gefahr der Rassenschande[96], die uns drohte, wenn Dinas Geheimnis einmal aufgedeckt würde. Das wäre gar nicht auszudenken gewesen. Wir lebten in einer gefährlichen Zeit, sozusagen auf einem Pulverfass.

Auf diesem Spaziergang sagte Rudi mir, wie froh er sei, in diesem langweiligen Nest einen so netten Kameraden gefunden zu haben. Ich stand der Äußerung skeptisch gegenüber. »Es ist sehr schade, aber ich glaube nicht an eine reine Kameradschaft zwischen Mann und Frau«, sagte ich. »Deshalb wäre es vielleicht doch besser, wenn wir uns nicht zu sehr aneinander anschlössen.« »Ich werde dir das Gegenteil beweisen, wenn du mir die Gelegenheit dazu gibst!« Es war für Dina und mich die ideale Lösung: Wir »gehörten« zu Rudi und Georg, und das wurde von den anderen mehr oder weniger anerkannt.

Sehr oft liefen wir den vier bis fünf Kilometer weiten Weg nach Barbizon. Rudi und ich gingen voraus, Dina und Georg hinter uns, denn zum Nebeneinandergehen war kein Platz. In Barbizon angekommen, kehrten wir in unserem Stammlokal ein zu einer Limonade und machten uns dann auf den Rückweg. Bald hatten wir uns recht gerne und freuten uns von Wochenende zu Wochenende auf unser Wiedersehen. Dinas Verhältnis zu Georg war weniger herzlich, und ich weiß nicht, worüber sie sprachen. Aber auch er war ein anständiger Mann, der zu Hause eine Frau hatte, glaube ich mich zu erinnern.

Während der Woche versuchten wir unseren Handel weiter anderswo, mit mehr oder weniger Erfolg. Einmal passierte uns ein unglaubliches Abenteuer.

Am Gare de l'Est hatten wir ganz früh am Morgen den einzigen Zug erwischt, auf einer Strecke, die wir ganz zufällig gewählt hatten. Mit dem Finger fuhren wir auf dem Fahrplan die Stationen entlang, wo der Zug halten würde, und blieben bei »Orry-la-Ville – Coye-la-Forêt«[97] stehen. Der Name gefiel uns.

Heute ist das ein beliebter Ausflugsort der Pariser, es wimmelt am Wochenende von Menschen, Autos und Motorrädern, aber damals sah man dort selten jemanden, schon gar keine Fahrzeuge. Wir liefen wie immer mit unseren Koffern durch die Gegend, vorbei an einem großen Teich, an dem das malerische Schlösschen der Reine Blanche liegt. Der Legende nach hatte ihr Mann sie dort lebenslänglich eingesperrt. Es war Winter und recht kalt. Wir trugen warme Mäntel und dunkelblaue Filzhüte, die uns bei unseren Freunden den Namen »Gebrüder Samthut« eingetragen hatten. Wir stapften mit unseren Koffern durch den winterlichen Wald, ohne ein Zeichen von Militär zu entdecken. Es war schon Mittag, als wir in Orry-la-Ville, einem ähnlich kleinen Örtchen wie unserem Fleury, landeten. Wir waren müde und hungrig. Auch dort fanden wir ein kleines Lokal.

»Komm, lass uns etwas Warmes trinken und unsere Stullen essen, ich habe Hunger«, sagte Dina. »Ich auch, aber was kann man schon Warmes zu trinken bekommen«, erwiderte ich, »Kaffee, Tee oder Kakao sind Wunschträume – also bleibt uns nur ein Viandox.« Das war ein in heißem Wasser aufgelöster Suppenwürfel – woraus er gemacht war, wussten wir nicht, aber heiß war das Gebräu, und das war die Hauptsache.

Wir öffneten die Tür und erstarrten. Das Lokal wimmelte von Soldaten. Alle Augen richteten sich auf uns, und von allen Seiten ging es los: »Ach, Mademoiselles, jolies Mademoiselles! Voulez-vous promener avec moi?« Unser Erscheinen in dem abgelegenen Dörfchen war für sie eine sensationelle Abwechslung. Es gab für uns kein Zurück. Wir traten ein, man machte für uns Platz, anzügliche Bemerkungen flogen über unsere Köpfe. Ich merkte natürlich sofort, dass es sich um harmlose Soldaten handelte und hatte Mühe, mich still zu verhalten. Dina, die wie immer sehr verängstigt war, konnte sich besser beherrschen. Wir taten so, als ob wir kein Wort verstünden, bestellten zwei Viandox und packten unsere Brote aus. Es waren keine Butterbrote, weil die Butter fehlte. Die Soldaten beruhigten sich langsam. Merkwürdigerweise wunderten sie sich nicht, was wir denn dort zu suchen hatten, vielleicht hielten sie uns wegen der Koffer für Reisende.

Ein Soldat neben uns sagte plötzlich etwas so Komisches, dass ich die Beherrschung verlor, und er sah, dass ich grinste.

»Die versteht Deutsch!«, rief er begeistert. Und im schönsten Berliner Dialekt fuhr er fort: »Nu saren Se bloß noch, Sie sind aus Deutschland!« Beruhigt durch die Kennkarte in meiner Tasche, antwortete ich: »Sie werden lachen, ich bin aus Deutschland!«

»Na, da bin ick aba vonne Socken. Nu saren Se bloß noch, Sie sind aus Berlin!« »Sie werden lachen«, erwiderte ich, »ich bin aus Berlin«. »Na, da bin ick aba vonne Klötzer!«, freute er sich. »Vonne Socken« war mir ein bekannter Begriff, aber »vonne Klötzer« hörte ich zum ersten Mal. »Von wo?«, fuhr er fort zu fragen. »Steglitz«, sagte ich. »Ick ooch!«, platzte er heraus. »Welche Straße?« »Göttinger Straße.« »Ick ooch!« »Welche Nummer?« »Zwei!« – »Ick ooch!«, schrie er aufgeregt. Nur die Etage stimmte nicht. Ich war vom ersten Stock, er vom dritten. Ich fragte nach seinem Namen. Er vergaß vor lauter Staunen, nach meinem zu fragen, Gott sei Dank. Er hieß Adam. Es stellte sich heraus, dass seine Eltern die Göttinger Straße verlassen hatten, als er drei Jahre alt war, sodass ich mich nicht an ihn erinnern konnte. Meine Mutter aber bestätigte mir, dass sie die Familie Adam gekannt hatte.

Das war ein derartiger Zufall, in einem fremden Land, in einem weltvergessenen Örtchen, einen wildfremden Menschen zu treffen, der im gleichen Hause zur Welt gekommen war wie ich, dass es uns beiden die Sprache verschlug. Inzwischen war für die Soldaten die Zeit zum Aufbruch gekommen, und das Lokal leerte sich schnell.

Heute besinne ich mich nicht mehr, ob wir ihnen doch noch Ware angeboten haben oder nicht, dieses Zusammentreffen hat alles Weitere aus meinem Gedächtnis verdrängt.

Es war Sommer gewesen, als wir zum ersten Mal nach Fleury kamen; dann wurde es Winter und wieder Sommer. Regelmäßig erschienen wir jedes Wochenende und brachten den Soldaten die ersehnten Stoffe, Hemden und Lederwaren, die sie ihren Familien nach Hause schickten.

Inzwischen hatten wir auch den Hauptmann dieser Kompanie kennen gelernt, der oft interessiert beim Verkauf zusah. Eines Tages sagte er: »Es schickt sich nicht für zwei anständige junge Mädchen, in dieser Spelunke zu übernachten. Ich werde Ihnen ein billiges Zimmer bei einem Dorfbewohner besorgen.« Und so zogen wir in ein geräumiges sauberes Zimmer in einem freundlichen Haus. Die Besitzer waren weniger freundlich, denn sie hielten uns sicher für Kollaborateure. Von jetzt an fand der Verkauf im Garten des Hauses statt, und die Soldaten kamen zu uns und wir nicht mehr zu ihnen.

Der Hauptmann hatte offensichtlich bemerkt, dass wir wohlerzogene Mädchen waren, die bei seinen Soldaten keine Unordnung stifteten. Vielleicht wusste er auch von unserem Umgang mit Rudi und Georg. Eines Tages besuchte er uns zur Zeit des Verkaufs und betrachtete interessiert die Ware. Plötzlich sagte er lächelnd: »Sudowicz und Treuherz, zwei schöne Namen.« Dann ging er. So hatte er uns zu verstehen gegeben, dass er wusste, wer wir wirklich waren, und dass wir von ihm nichts zu befürchten hatten.

Die Gefahr kam von einer anderen Seite. Es war wieder Herbst geworden. Wir spazierten über die Felder, wie immer in Richtung Barbizon, da sahen wir einen hellen Feuerschein am Himmel. Wir näherten uns. Es war eine Scheune voller Korn, die die Bauern angezündet hatten. Ein Sabotageakt, damit der Feind die Ernte nicht wegnehmen konnte. Ich betrachtete Rudi von der Seite. Er war nicht entrüstet. Das Schauspiel war grandios, die lodernden Flammen, die hoch in den dunklen Himmel schossen und tausende von Funken sprühten, ein unvergesslicher Anblick. Eine sengende Hitze verbreitete sich und wir mussten uns schließlich entfernen. Wir gingen weiter nach Barbizon und stürzten in unser Stammlokal, um unseren Durst zu löschen. »Ein Brandi und ein Löschi«, bemerkte Rudi. Wir waren wie ausgelassene Kinder und lachten uns halb tot. Es war schon lange klar geworden, dass Rudi kein Nazi war.

Was nun unsere Kameradschaft betraf, so geriet sie, trotz aller besten Absichten, ins Wanken. Wir küssten uns oft und gerne. »Siehst du, Rudi, ich habe doch Recht gehabt«, sagte ich mit schlechtem Gewissen. »Küssen ist doch harmlos«, meinte er, »da ist doch nichts dabei.« Oft nannte er mich sein »Zammelchen« – er war aus dem Rheinland, wollte mir aber nicht verraten, ob das Wort eine Bedeutung hatte. Vielleicht zu unserem Glück sollte der Zustand eine unerwartete Wendung nehmen.

Eines Nachmittags saßen wir vier im Gasthaus beisammen, denn es war recht kalt geworden. Viele Soldaten befanden sich im Lokal. Da öffnete sich die Tür, und ein Feldwebel trat ein. Er grüßte nicht, sah uns verächtlich an und sagte: »Diese zwei Frauen sind doch Jüdinnen!« Es herrschte Totenstille in dem vorher von vielen Stimmen belebten Raum. Dina war bleich geworden. Ich sprang auf und rief mit hochrotem Kopf, während alle Augen auf mich gerichtet waren: »Was fällt Ihnen ein, sind Sie nicht bei Verstand? Wer hat Ihnen erlaubt, uns so zu beleidigen? Ich werde mir das nicht gefallen lassen!« Und ich fügte hinzu: »Ich habe es, weiß Gott, nicht nötig, mich vor Ihnen zu rechtfertigen, wer sind Sie überhaupt? Aber hier, bitte!«. Ich riss meine Kennkarte aus der Tasche und klatschte sie vor ihm auf den Tisch. Alle starrten auf den Tisch. Er nahm sie in die Hand, drehte sie zwischen den Fingern, legte sie wieder hin, murmelte etwas und verließ das Lokal. Es war uns klar, dass er nicht überzeugt war. Langsam und betreten gingen die anderen. Wir blieben mit Rudi und Georg allein. Ich war wütend und natürlich sehr aufgeregt, durfte aber auch vor den beiden keine Unsicherheit zeigen. Bald trennten wir uns, denn dieser peinliche Vorfall hatte uns die Stimmung verdorben. Wir hatten nur noch den Wunsch, allein zu sein.

Von nun an war uns klar, dass unser Unternehmen zu gefährlich geworden war. Besonders Dina wollte kein Risiko mehr eingehen und wir beschlossen, mit unserem Herumreisen aufzuhören.

Ich blieb noch eine Zeit lang mit Rudi in Verbindung, er schrieb mir und besuchte mich, als er Urlaub bekam, in Paris. Da wir jedoch unseren fernen Liebsten die Treue halten wollten, trennten wir uns schließlich. Ich habe danach nie wieder von Rudi gehört, bewahre ihm aber bis heute ein freundschaftliches Andenken.

L'Aéromécanique

Meine Mutter hatte gut mit dem eingenommenen Geld gewirtschaftet, sodass für die nächste Zeit ausgesorgt war. Es ging ihr gesundheitlich nun auch viel besser und sie schielte nicht mehr. Von Päpschen erhielten wir regelmäßig Nachricht. Er beklagte sich nie.

Sowohl die deutsche Besetzung als auch die Vichy-Regierung wurden von den Franzosen als sehr erniedrigend empfunden, und die Schmach über den fast widerstandslos verlorenen Krieg war schwer zu verwinden. Nach außen durfte man es nicht zeigen und musste gute Miene zum bösen Spiel machen. Es gab natürlich viele Kollaborateure, die von der Situation profitierten und es gut fanden, dass endlich einmal Disziplin in Frankreich herrschte.

Damals wusste man noch nicht viel von den Konzentrationslagern, aber Gerüchte begannen durchzusickern. Man versuchte, Radio London zu hören, was natürlich mit Gefahr verbunden war. Und de Gaulle machte sich bemerkbar. Ab und zu hörte man von Sabotageakten, die mit Todesstrafe vergolten wurden. Da man die Täter meistens nicht finden konnte, wurden jedes Mal fünfzig Geiseln aus der Bevölkerung genommen, auf das Fort auf dem Mont Valérien[98] bei Paris gebracht und dort erschossen. Wir hörten davon. Die Stimmung hob es nicht.

Auch die Versorgung wurde immer knapper. Die Lebensmittelkarten reichten nicht aus, um den Hunger zu stillen. Die Franzosen traf diese Tatsache besonders hart, denn sie sind nun eben anerkannterweise große Feinschmecker und phantastische Köche. Aber was nützt das, wenn man vor leeren Töpfen steht?

Meine Kennkarte berechtigte mich zu zusätzlichen Lebensmittelrationen. Allerdings kennzeichnete mich das bei den Geschäftsleuten als bevorzugte Deutsche – was ich ja nun eigentlich nicht war und auch nicht mehr sein wollte.

Nun musste ich mich wieder nach Arbeit umsehen. Viel Hoffnung hatte ich nach meinen vorherigen Erfahrungen auf diesem Gebiet nicht, aber diesmal mehr Glück. Man vermittelte mir eine Stellung als Sekretärin und Übersetzerin bei einer Schweizer Firma, der Aéromécanique in Rueil-Malmaison[99]. Das bedeutete eine Stunde Fahrt mit der Métro und dann noch eine halbe Stunde mit dem Autobus. Es war eine feste Stellung mit einem anständigen Gehalt. Mein Chef und seine Frau, die auch mitarbeitete, waren sehr liebenswürdig und mit mir zufrieden. Es war ein mittelgroßer Betrieb von ungefähr 50 Arbeitern und Angestellten, welcher Heizungs- und Belüftungsarbeiten ausführte. Wie ich bald erfahren sollte, arbeiteten sie fast ausschließlich für die deutsche Armee. Paradoxerweise durfte ich dort sein, weil es ein Privatbetrieb war. Dabei handelte es sich, wie ich später begriff, um streng geheime Aufträge.

Überhaupt muss ich rückblickend, vielleicht, um meine damalige Naivität zu rechtfertigen, gestehen, dass ich manche Begebenheit, in die ich verstrickt war, erst im Nachhinein begriffen habe. Die Ereignisse selbst lieferten später die Erklärung.

Es war im September 1941, als ich in die Aéromécanique eintrat. Meine Firma, die oft Besuch von hohen Offizieren der Wehrmacht

Belegschaft der Firma L'Aéromécanique, Rueil-Malmaison (S.-&-O.), 1942.
Links sitzend die Autorin (aus dem Archiv der Autorin).

erhielt, von Stabsoffizieren mit breiten roten Streifen an den Hosen, beheizte und belüftete Bunker, die die Deutschen an der Atlantikküste bauten. Aber davon wussten wir im Büro doch nichts. Das war, wie ich heute verstehe, ein enorm kriegswichtiges Projekt. Damals verrichtete ich völlig ahnungslos meine Arbeit.

Ich hatte eine direkte Telefonleitung zu einer deutschen Dienststelle. Wenn ich den Hörer abnahm, meldete sich eine Stimme: »Hier Generalluftzeugmeister.« Im Übrigen schrieb und übersetzte ich Briefe.

Die Kollegen, die in mir die Deutsche sahen, standen mir zunächst sehr reserviert, sogar feindselig gegenüber. Aber das gab sich schnell, als sie sahen, wie naiv ich war und offensichtlich mehr auf ihrer Seite stand. Die Beziehungen wurden schnell sehr kameradschaftlich.

Eines Morgens kam eine Kollegin, die die französische Post besorgte, bleich und verstört ins Büro. Als wir sie fragten, ob sie krank sei, fing sie fürchterlich an zu weinen. Sie wohnte in der fünften Etage eines Hauses, dessen eine Seite auf einen kleinen Friedhof blickte. In den frühen Morgenstunden wurde sie durch Stimmen geweckt. Sie eilte ans Fenster und wurde Zeuge, wie deutsche Soldaten Häftlinge Gruben ausheben ließen und sie dann erschossen.[100]

Vera

Die nette Frau Ohnstein, die ich im Lager kennen gelernt hatte, meldete sich eines Tages bei mir. Auch sie war endlich befreit worden und in ihre kleine Wohnung in Boulogne, einem Vorort von Paris, zurückgekehrt. Ich freute mich sehr und lud sie zu einer Tasse Kaffee zu uns ein. »Dir wird diese Dame sicher sympathisch sein«, sagte ich meiner Mutter. »Sie war sehr gut zu mir im Lager, und wir haben uns versprochen, unsere Bekanntschaft in Paris fortzusetzen.«

Sie kam gerne. Ich öffnete die Tür und stellte sie meiner Mutter vor. Die beiden blickten sich an und riefen wie aus einem Munde: »Aber wir kennen uns doch!« Ich verstand gar nichts. Außer Frau Sudowicz, Dinas Mutter, Masza Waisblat mit den beiden kleinen Buben und Frau Lipschütz hatte meine Mutter keine Bekannten. Die beiden schüttelten sich die Hände und freuten sich miteinander. Es stellte sich heraus, dass Hede Ohnstein die Frau war, die damals im Komitee angekündigt hatte, vor Verzweiflung den Gashahn aufdrehen zu wollen.

Sie wurde die beste Freundin meiner Mutter. Eine Freundschaft, die erst mit Hedes Tod im Jahre 1963 endete. Meine Mutter ist ihr bald darauf gefolgt.

So verging ein ganzes Jahr. Ich war froh über meine Anstellung und meine Mutter auch. Dina hatte ebenfalls Arbeit gefunden. Die deutsche Armee suchte Pelznäher. Alle verfügbaren Kräfte dieses Handwerks erhielten einen Spezialausweis und wurden für einen annehmbaren Lohn eingezogen. Jedes Atelier hatte pro Woche eine festgesetzte Menge warmer Jacken aus Schafspelz für die Soldaten an der Ostfront fertig zu stellen. So arbeiteten wir alle nolens volens für den deutschen Kriegseinsatz.

Eines Tages, als ich in der Nähe der Oper spazieren ging, rief mich jemand beim Namen. Ich drehte mich um. Vor mir stand eine schicke junge Frau mit blonden Locken und einer großen schwarzen Sonnenbrille. »Erkennst du mich nicht?«, sagte sie und nahm die Brille ab. »Vera! Wie kommst du hierher? Was machst du? Wo warst du? Warum bist du nicht in Amerika?« Wir fielen uns in die Arme.

Vera[101] hatte inzwischen Schweres erlitten, war zwei Jahre von der Vichy-Regierung in ein Gefängnis in Algier eingesperrt worden. Eine abenteuerliche Geschichte, die nur in Ausnahmezeiten wie im Krieg möglich ist. Sie war schließlich von der deutschen Waffenstillstandskommission befreit worden.

Ich lud sie zu mir nach Hause ein und war gespannt auf die Reaktion meiner Mutter, die eine sehr gute Menschenkennerin war. Trotz meiner Zuneigung zu Vera stieß mich ihre angeberische Art, wie die enorme Sonnenbrille, die uns Jahre später einmal zum Verhängnis werden sollte, etwas ab. Aber meine Mutter war sofort von ihr eingenommen, und es entwickelte sich schnell eine Art Mutter-Tochter-Verhältnis zwischen den beiden. Manchmal machte mich das fast eifersüchtig. Vera hatte schon bald nach Hitlers Machtübernahme Deutschland verlassen und ihre Eltern, die sie nach Schweden geschickt hatten, nicht wieder gesehen. Damals wusste sie noch nicht, dass beide deportiert und in Litzmannstadt[102] umgebracht worden waren.

Meine Mutter war allen meinen späteren Freundinnen eine zweite Mutter, sie hatte ein großes Herz. Da ich selbst sie oft als widerspenstig empfand, wahrscheinlich, weil wir oft verschiedener Meinung waren, hatte ich ihr den seltsamen Kosenamen »mein Horn« gegeben. Warum gerade Horn? Ich stellte mir ein Böckchen vor, das sich auflehnt. Aber das ist natürlich keine rationale Erklärung. Ich denke, dass der Grund tiefer liegt, dass ich es nicht anders fertig brachte, ihr meine Zuneigung zu zeigen. Ich war in dieser Beziehung ihr gegenüber eher zurückhaltend, nicht so gegenüber meinem Päpschen. Überhaupt zeigte ich zu der Zeit wenig Gefühle und brachte es fertig, wenn ich mit Vera einen rührseligen Film sah, nur von ihr abgewandt zu weinen. Jedenfalls war mein »Horn« für alle meine Freundinnen, zuerst für Vera, »Hörnchen« geworden.

Als Vera sozusagen schon zu unserer kleinen »Familie« gehörte und sehr oft bei uns war, sagte einmal eine jüdische Frau aus der Nachbarschaft zu meiner Mutter: »Wissen Sie, ich sehe oft Ihre beiden Töchter. Die Blonde ist ja so schön und so nett. Die Dunkle ist auch nicht schlecht, aber die Blonde, die ist einfach reizend.« Worauf meine Mutter trocken erwiderte: »Die Dunkle ist meine Tochter, die Blonde ist gar nicht meine Tochter!«

Auch Dina war oft mit uns zusammen. Sie hatte durch ihre neue Arbeit viele junge Leute kennen gelernt, alle aus der Pelzbranche. Da alle den Judenstern[103] tragen mussten, waren ihnen öffentliche Lokale nicht zugänglich. Sie versammelten sich deshalb jeden Sonntag in der Wohnung des einen oder anderen aus der Gruppe, und dann wurde getanzt. Zu essen und zu trinken gab es kaum, aber jeder brachte mit, was er auftreiben konnte, zum Beispiel trockene Kekse oder Ersatzkaffee. Es ging bei diesen »Tanznachmittagen« sehr vergnügt zu, und man flirtete ein bisschen. Diesen jungen Menschen hatte man ihre Jugend gestohlen und sie versuchten, die ständige Angst vor dem, was ihnen noch bevorstehen könnte, so gut wie möglich zu verdrängen. Ich wurde gern in diesem Kreis gesehen, wenn ich auch nicht »aus der Branche« war.

Ich arbeitete weiter fleißig bei der Aéromécanique, acht Stunden am Tag. Dazu kamen zweimal anderthalb Stunden Fahrt. In der Firma herrschte jetzt recht gedrückte Stimmung, denn die Besatzungsmacht hatte begonnen, französische Arbeiter für unbegrenzte Zeit nach Deutschland zu schicken, wo man sie je nach Bedarf und

Beruf einsetzte. Man nannte das »travail obligatoire«. Man konnte sich freiwillig dazu melden, aber die meisten versuchten sich zu drücken. Es waren ja oft Familienväter. Dinas Bruder Joachim meldete sich freiwillig und kam erst am Ende des Kriegs wieder nach Hause. Dieser Entschluss bewahrte ihn schließlich vor der Deportation. Auch die Arbeiter unserer Firma waren von dieser Maßnahme betroffen und sträubten sich, so gut es ging. Unser Chef, der ja kriegswichtige Aufträge auszuführen hatte, erhielt nur eine Zeit lang Aufschub. Dann musste auch er eine bestimmte Anzahl seiner Arbeiter ausliefern. Die Wahl fiel schwer, und der Hass gegen die Unterdrücker wuchs.

René – ich werde krank

Eines Tages erhielt ich einen Brief von meinem Verlobten René. Zu dieser Zeit konnte man noch Briefe schicken, was bald darauf nicht mehr möglich war, weil nur noch vorgedruckte Karten, die so genannten cartes familiales verwendet werden durften. Der Text auf den Karten lautete ungefähr so: »Wie geht es dir? Gut/Schlecht. Mir geht es …« Und sonst nichts weiter von Bedeutung. Es war schlimmer als gar nichts. Diese cartes familiales haben später dazu beigetragen, dass wir uns auseinander lebten, denn das war kein Austausch mehr. Man wusste nichts mehr voneinander. Der Krieg dauerte einfach zu lange, und wir beide haben schließlich, jeder auf seiner Seite, die Treue gebrochen.
Aber als ich bei der Aéromécanique arbeitete, war dieser Zeitpunkt noch nicht erreicht. Wir sehnten uns nacheinander und litten sehr unter der langen Trennung. Damals gab es zwei Schlager, die genau auf die Situation vieler junger Frauen und Mädchen passten, die, wie ich, auf ihre Liebsten warteten. Der eine hieß »J'attendrai toujours ton retour« (Ich werde immer auf deine Rückkehr warten) und der andere »Mon Légionnaire«. Beide waren recht schnulzig, aber ich habe sie bis heute nicht vergessen.
In seinem Brief machte René sich Vorwürfe, dass ich durch ihn gebunden war und die schönsten Jahre meiner Jugend mit Warten auf ihn verbringen musste. Er gab mich frei. Ich weiß heute, dass er es aus bestem Gewissen tat. Er wollte mich lieber glücklich als un-

glücklich sehen. Er war romantisch und hatte damals recht unreife Vorstellungen von Liebe, Treue und Anstand. Er wollte einem englischen Gentleman gleichen, wie er ihn aus Büchern und Filmen kannte. Viel später erst habe ich begriffen, dass er die ganzen Jahre nur eine Rolle spielte, ohne sich selbst darüber klar zu sein. Wahrscheinlich waren wir beide noch recht unreif. Ich weiß, dass der Brief ganz aufrichtig gemeint war und dass damals noch niemand außer mir einen Platz in seinem Herzen einnahm, aber als ich ihn las, war ich zu Tode erschrocken und glaubte, er wolle mich loswerden. In meiner Antwort versicherte ich ihm, dass sich meine Gefühle ihm gegenüber nicht geändert hätten und dass ich in eine endgültige Trennung nur einwilligen würde, wenn er eine andere gefunden hätte.

Wie gesagt, war dies nicht der Fall. Und wir schrieben uns regelmäßig weiter, auch noch als längst die »Familienkarten« eingeführt worden waren. Am Tag, nachdem ich den Brief erhalten hatte, fühlte ich mich sehr elend. Als ich von der Arbeit nach Hause kam, maß ich meine Temperatur. Über 40 Grad! Meine Mutter schickte mich sofort zum Arzt, dem ich nur sagen konnte, dass mir nichts wehtat, aber dass ich mich todkrank fühle. Er fragte, ob ich je eine Tropenkrankheit gehabt hätte. Mir fiel natürlich die Ruhr in Gurs ein, die die damaligen Insassen als »Tropen- oder Amöbenruhr« bezeichnet hatten. Der Arzt war sichtlich erleichtert. »Also, das ist es!«, rief er aus. »Aber ich habe doch keinerlei Magen oder Darmbeschwerden«, wandte ich ein. »Das macht nichts, diese Krankheit wird man niemals los und sie kann in den verschiedensten Formen auftreten.« Er schien mit seiner Diagnose sehr zufrieden und verschrieb mir prompt ein Medikament mit Namen »Stovarsol«.

Ich schleppte mich nach Hause, fiel ins Bett und wollte sofort mit der Behandlung beginnen. Meine Mutter aber war sehr skeptisch, als sie las, dass das Medikament Arsen enthielt. Ich hingegen glaubte Ärzten damals noch alles, also nahm ich meine Medizin wie verordnet ein. Zwei Tage später wurde ich ganz gelb, sogar die Zähne, und ich fühlte mich elender denn je. Ich hatte die Gelbsucht, und zweifellos war Renés Brief nicht ganz unschuldig an meiner schlechten körperlichen Verfassung. Das Medikament aber war in diesem Fall vollkommen falsch, da es sich katastrophal auf die schon kranke Leber auswirkte. Ich bekam einen allergischen

Ausschlag, der den ganzen Körper befiel, auch die Schleimhäute von Nase, Mund und Augen. Die Finger und Zehen waren stark angeschwollen, und der Juckreiz wurde unerträglich.

Der Arzt war bestürzt. Er fürchtete eine Klage unsererseits. Ein Ärztekolleg wurde einberufen und man diagnostizierte, dass es sich hier um eine von japanischen Ratten übertragene Krankheit handeln müsse, die ich mir beim Schwimmen in der Seine zugezogen hätte. Wie kamen wohl die japanischen Ratten in die Seine? Auf jeden Fall ging es mir langsam besser, nachdem meine Mutter mich mehrmals am Tag und in der Nacht in nasse Laken wickelte, um den Juckreiz zu mindern. Die Gelbsucht nahm ihren Lauf. Ich war danach sehr abgemagert. Meine Chefs besuchten mich zu Hause, sie brauchten meine Arbeit dringend.

Schwarzhandel

Da kam Vera plötzlich ganz aufgeregt zu uns. »Du gehst nicht zur Aéromécanique zurück, du arbeitest von jetzt ab mit mir. Wir arbeiten zusammen und teilen den Verdienst. Ich habe heute an einem einzigen Geschäft so viel verdient, wie du in einem ganzen Monat, ohne mich dabei abzurackern, wie du es tust.« Vera hatte inzwischen einen Mann kennen gelernt, der in Paris ein Einkaufsbüro eröffnet hatte. Er war deutscher Zivilist, arbeitete aber für die Wehrmacht. Er kaufte Material aller Art auf. Dafür suchte er Leute mit Beziehungen, die an das Material herankamen.

Vera fiel es durch ihre gefällige Erscheinung leicht, Kontakte zu knüpfen. Sie hatte großen Erfolg beim männlichen Geschlecht und wusste es geschickt auszunutzen. Sie vergab sich nie etwas. Vera fand, dass ein Mann, der sie ausführen durfte, durch ihre Gesellschaft reichlich entschädigt werde und nichts anderes zu erwarten habe.

So hatte sie seit ihrer Rückkehr nach Paris schon viele Bekanntschaften geschlossen, und es war ihr gelungen, ein erstes Geschäft mit diesem Einkaufsbüro zu tätigen. Meine Mutter freute sich für Vera, war aber dagegen, dass ich meine sichere Stellung bei der Aéromécanique aufgäbe, um etwas Neues anzufangen, das ihr recht unsicher erschien. Auch ich blieb skeptisch und bin es bis heute noch. Vera kann nicht verstehen, dass ich mir Vorwürfe mache, an ihren Geschäften teilgenommen zu haben. Eine mir sehr nahe stehende Verwandte, die Schlimmes durchgemacht hat, im KZ war und einen Todesmarsch überlebte, tröstete mich später: »Du bist am Leben geblieben, das ist die Hauptsache! Es war eine schwere Zeit, und jeder kämpfte um seine Existenz, wie er konnte!« Und wenn ich heute darüber nachdenke, so komme ich zu dem Schluss, dass meine Tätigkeit mit Vera weniger kriegswichtig war als meine Arbeit bei der Aéromécanique.

Vera gelang es schließlich doch, mich zu überreden. Ich kündigte meine Stellung unter dem Vorwand, dass ich noch längere Zeit Ruhe brauchte. Mit Vera begann ein leichteres Leben. Wir verdienten zwar nicht regelmäßig, aber beim Abschluss eines jeden Geschäfts gleich viel mehr, als ich bei der Aéromécanique mühsam hätte erarbeiten können. Unser neuer Chef[104], von uns Fifi genannt, begann, sich für mich zu interessieren. Mir war das gar nicht so angenehm. Für Vera zeigte er kein Interesse. Weil wir uns äußerlich so wenig glichen, hatten wir meistens nicht bei den gleichen Männern Erfolg. Von Vera lernte ich viel über den Umgang mit Männern.

Unser neuer Chef zeigte sich sehr großzügig. Er lud uns oft in teure Lokale zum Essen ein, die hauptsächlich von Offizieren der Wehrmacht besucht wurden und deshalb über ein reichliches Angebot an Lebensmitteln verfügten, die man sonst nirgendwo anders bekam. Wir ließen es uns schmecken und vergaßen für kurze Zeit unseren Hunger. Meine Mutter freute sich über jede angenehme Abwechslung, die sich ihren »Töchtern« bot.

Die Stimmung wurde jedoch durch beängstigende Nachrichten getrübt, die jetzt immer häufiger laut wurden. Man hörte hier und da von Deportationen in Arbeitslager, von »Umsiedlungen« der Juden nach Theresienstadt, wo die Bedingungen angeblich gar nicht so schlecht sein sollten. Es waren aber nur Gerüchte und nichts Greifbares. Auch von Zwangsscheidungen der Mischehen war schon die Rede. Mein Vater war nur durch die Ehe mit einer »arischen« Frau, die noch dazu Französin war, geschützt.

Wir verbrachten also unsere Zeit mit dem Suchen nach Artikeln, die von Fifi verlangt wurden: Kupferdraht, Nägel, kleines Werkzeug, Benzinkanister, Autoreifen usw. Inzwischen hatten wir schon einige ständige Lieferanten, die uns wieder an andere empfahlen. Trotzdem brauchte es Zeit und Überredungskunst, bis schließlich ein Geschäft zustande kam. Sehr viele waren es nicht, aber wir verdienten genug.

Vorladung zur NSDAP

Diese Euphorie wurde plötzlich getrübt, als ich eine Vorladung in die Landesgruppenleitung der NSDAP am Boulevard de la Madeleine zum Grafen Dönhoff[105] erhielt. Wir erschraken. Was konnte der von mir wollen? Ich zitterte um meine kostbare Kennkarte. Inzwischen war es Anfang Mai 1943. Äußerlich gefasst, aber nicht innerlich, erschien ich bei ihm zur angegebenen Stunde. »Fräulein Treuherz«, sagte er in sachlichem Ton, »machen Sie sich fertig. Am 31. Mai werden Sie nach Deutschland zurückgeführt. Sie haben hier in Paris nichts zu suchen!«[106] Meine ganze Welt stürzte ein. Ich versuchte mich zusammenzunehmen und hielt ihm alle Argumente entgegen, die mir in den Sinn kamen: »Aber meine Mutter ist doch Französin!« »Für uns ist sie immer noch Deutsche. Als Deutsche hat sie ihr ganzes Leben in Berlin gelebt.« Er war gut informiert. »Aber wir haben doch unsere Wohnung, unser Mobiliar und alle unsere Sachen hier!«, brachte ich hervor. Wenn er gewusst hätte, woraus dieses »Mobiliar« bestand! »Das ist für uns kein Problem. Das schicken wir Ihnen alles nach Berlin.« Da vergaß ich alle Vorsicht und schrie ihm entgegen: »Ich weiß, was Sie beabsichtigen, Sie wollen meine Eltern zwangsweise scheiden und meinen Vater deportieren. Und wenn wir nicht einverstanden sind, werden wir alle drei deportiert!« Ich zitterte vor Aufregung. Er antwortete mit gespielter Überraschung: »Ja wie kommen Sie denn darauf? Wer hat Ihnen diesen Unsinn eingeredet? Machen Sie sich für Ende Mai fertig und halten Sie sich bereit! Heil Hitler!« Oder sagte er »Auf Wiedersehen«? Ich war viel zu aufgeregt, um es zu bemerken.
Verstört lief ich ins Erdgeschoss, wo sich jetzt die Empfangsräume der NSDAP befanden, und fragte nach Herrn Liebeskind, der kurz darauf erschien und sofort merkte, dass etwas nicht in Ordnung war. Ich erzählte ihm alles und er beruhigte mich: »Warte mal hier, Mädchen, ich hole mal deine Akte.« Schon hatte er sie gefunden,

schlug sie auf und las vor: »Mutter und Tochter bis Ende Mai zu-
rückzuführen, Scheidung veranlassen, Vater zu deportieren.« Also
hatte ich Recht gehabt.

Liebeskind sagte: »Du musst für einige Zeit von der Bildfläche verschwinden. Kannst du dich auf dem Land verstecken?« Ich kannte
aber niemand auf dem Land und verneinte verzweifelt. »Hast du
nicht etwas, was man operieren kann, vielleicht einen Blinddarm?
Dann bleibst du so lange wie möglich in einem Krankenhaus. Danach machst du einen langen Erholungsurlaub. Du musst Zeit ge-
winnen. Lass mich wissen, was du tun wirst.« Und er fügte hinzu:
»Du hast doch sicher Freunde, die in schwieriger Lage sind. Schick
sie zu mir, ich helfe gerne, wenn ich kann.« Es gab also auch noch
menschliche Deutsche, die sogar bereit waren, ein Risiko einzuge-
hen. Das wurde mir nicht nur durch Liebeskind bewiesen. Liebeskind wurde ein Freund, auf den man zählen konnte. Wir luden ihn
in unsere bescheidene Wohnung ein, und er kam gern. Nun war
keine Zeit zu verlieren, denn Graf Dönhoff hatte mir bis zur defini-
tiven Ausreise kaum vier Wochen Frist gelassen.

Die erste Operation

Uns kamen Veras neue Beziehungen wieder einmal zugute: Sie war
zufällig auf der Straße einem deutschen Offizier begegnet, den sie
aus Bayern kannte, wo sie oft mit ihren Eltern als Schulkind und als
junges Mädchen ihre Ferien verbracht hatte. Er war dort ein bekannter Zahnarzt gewesen. Sie sprach ihn an, er erkannte sie und
freute sich über das Wiedersehen.

Dieser Dr. Wild[107] berichtete ihr, dass er die zahnärztliche Abteilung im Hôpital Lariboisière[108], von der deutschen Armee besetzt
und umgetauft in Ortslazarett Nordbahnhof, leite und sie jederzeit
gerne umsonst behandeln würde. Vera hatte ja ursprünglich Zahn-
heilkunde studiert. Es stellte sich heraus, dass er und auch einige
seiner Kollegen, Zahnärzte und praktische Ärzte, ebenfalls aus Bayern, überzeugte Anti-Nazis waren. Dr. Wild hat später auch meine
Mutter kostenlos behandelt. Er hat ihr Zähne gezogen und ein Teil-
gebiss angefertigt, alles auf Kosten der deutschen Armee. Einmal
saß ein Gestapo-Mann dort in seinem Wartezimmer, als meine

Mutter gerade von ihm behandelt wurde. Dr. Wild lachte und sagte: »Den nehme ich mir nachher vor, dass er die Engel im Himmel singen hört!«

Vera schleppte mich also zu Dr. Wild, der mir sofort sympathisch war. Wir erzählten ihm von meinem Dilemma. »Haben Sie denn nicht irgendetwas, das einen längeren Krankenhausaufenthalt nötig machen könnte?«, fragte er mich. Ich hatte effektiv »etwas«, über das ich ungern sprach. Ab und zu bildete sich bei mir in der Analgegend ein Abszess, der unerträgliche Schmerzen verursachte. Ich litt schon seit einiger Zeit darunter. Davon erzählte ich Dr. Wild, der mich sofort an seinen Freund und Kollegen Dr. Schnitzler[109] verwies. Dieser Dr. Schnitzler, ein großer, schlanker, dunkeläugiger Mann, war genau mein Typ, und ich hätte mich eigentlich sofort in ihn verlieben müssen. Das geschah jedoch unbegreiflicherweise nicht. Er war, wie die Amerikaner sagen, tall, dark and handsome. Aber anscheinend genügt das Aussehen allein doch nicht, um sich zu verlieben. Dabei war er ausgesprochen nett. Ich war ihm sympathisch, aber nicht mehr. Gott sei Dank! Er war mit einer Amerikanerin verheiratet. Vor dem Krieg lebten sie in den USA, aber bei Ausbruch des Krieges war sein Nationalbewusstsein so stark, dass er nach Deutschland zurückkehrte, ohne sie, der Dummkopf! Aber Nazigegner war er, und er hat mir sofort geholfen, nicht ohne Risiko. Seine Diagnose stand schnell fest: Analfistel. Und: »Die können wir ohne weiteres operieren.« Als Zeitpunkt wählten wir aus bekannten Gründen Ende Mai. Dann ließ Dr. Schnitzler mich in das Krankenhaus einweisen, in welchem er selbst als Assistenzarzt tätig war, L'Hôpital Foch[110] in Suresnes bei Paris, welches nun in Ortslazarett Suresnes umgetauft worden war.

»Aber lieber Dr. Schnitzler, das ist doch für uns beide viel zu gefährlich«, hatte ich zuerst protestiert. »Ich bin doch nicht dienstverpflichtet. Wie wollen Sie da meine Anwesenheit rechtfertigen?« Er lachte nur: »Machen Sie sich da keine Sorgen, das arrangiere ich schon, Sie sind eben Auslandsdeutsche.«

Und so geschah es. Gleich nach meiner Einweisung wurde ich in der chirurgischen Abteilung für Frauen ins Bett gesteckt, denn alle Kranken waren dort bettlägerig. Sonst hätten sie dort nichts zu suchen gehabt. Alle waren dienstverpflichtet. In meinem Zimmer lagen noch zwei Mädchen, beide waren nett. Die eine blieb nicht lange, sodass ich bald mit der anderen allein war.

Am Abend kam der Chirurg zur Visite. Er trug den passenden Namen Dr. Kirchhoff[111]. Dr. Schnitzler hatte ihn anscheinend über mich informiert. Er gab der Krankenschwester Anweisungen für die bevorstehende Operation. Er war sehr nett und stellte keinerlei verfängliche Fragen.

Zur Vorbereitung gab man mir am nächsten Morgen eine große Tasse Kaffee. Die Hälfte davon aber war Rizinusöl. Todesmutig trank ich das scheußliche schwarze Gebräu, welches mir auf Jahre hinaus den Genuss an Kaffee verleidet hat.

Mitte Juni 1943 wurde ich zum ersten Mal operiert. Die Narkose war relativ leicht. Ich besinne mich, dass ich vorher fragte, ob das, was man in der Narkose sagt, eine Bedeutung haben könne. Ich hatte schreckliche Angst, vielleicht etwas zu stammeln, was mir gefährlich werden könnte. Aber man lachte nur, und schon war ich eingeschlafen.

Die Folgen der Operation waren nicht gerade angenehm. Zunächst konnte ich nicht sitzen und musste acht Tage im Bett liegen, und acht Tage bekam ich aus verständlichen Gründen nur einmal am Tag einen halben Teller Schleimsuppe zu essen. Meine beiden Zimmerkameradinnen waren voller Bewunderung, weil ich mich nie beklagte, selbst dann nicht, wenn man ihnen recht leckere Mahlzeiten vor meinen hungrigen Augen servierte. Sie hätten mir gerne etwas abgegeben.

Die eine, Maria, war mir vom ersten Moment an sympathisch. Sie war ein großes hübsches Mädchen mit wunderschönen blauen Augen. Als die andere uns verließ und wir ein paar Tage allein blieben, dauerte es nicht lange, und wir vertrauten uns einander an. Sie war ein so genanntes Blitzmädchen[112] und gegen ihren Willen eingezogen worden. Ihr Vater, der in Tauberbischofsheim ein kleines Warenhaus besaß, war überzeugter Sozialist und nicht in der Partei. Ihr einziger Bruder saß im Gefängnis, weil er homosexuell war, was bei den Nazis als Verbrechen galt. Verständlicherweise war auch sie dem Nazi-Regime nicht zugetan.

Natürlich erzählte ich ihr die Wahrheit über mich selbst, was uns nur noch näher brachte. Maria wurde später mein rettender Engel, und darum will ich berichten, warum sie auf der chirurgischen Abteilung lag.

Verwaltung der Dienststelle

Feldpost Nr. 03069 Z

O.U., den 18.Juli 1943

Betrifft: Kosten für Lazarettbehandlung

Rechnung N° *1823*

An Fr.Helga Treuherz

in Paris

Lazarett-kranken-buches	Personalien des Versicherten:			Aufenthalt im Lazarett				Betrag	
	Name u. Heimatanschrift	Tag u. Ort der Geburt	Dienststelle	Grund	von - bis	Zahl der Tage	Tages-satz	R. M.	Pfg.
2746	Treuherz,Helga Sekretärin aus Berlin	19.2.20 Berlin		Analfistel	1.7. bis 12.7.43	12	3.50	42	—
							Zusammen.	42	—

Wörtlich z w e i u n d v i e r z i g ///////////////////////// Reichsmark

= ffrs 840.—

Es wird gebeten, den Betrag umgehend an die Dienststelle Feldpost-Nr 03069 Z — Verwaltung — zu zahlen

Die Notwendigkeit des Lazarett-
Aufenthaltes bestätigt:

Verwaltung der Dienststelle
Feldpost Nr 03069 Z

Stationsarzt

Oberzahlmeister

Rechnung des Lazaretts Suresnes für Operation vom 12. Juli 1943
(aus dem Besitz der Autorin)

Eines Tages gab es im Rex, dem Soldatenkino an den Grands Boulevards, einen tollen Film, den sie sich mit einer Kameradin ansehen wollte. Obwohl sie die Uniform hasste und an ihren freien Tagen immer hübsche Kleider trug, hatte sie an diesem Tag eine Ausnahme gemacht. Das sollte ihr das Leben retten. Beim Verlassen des Kinos geschah es: Eine Bombe explodierte ganz in ihrer Nähe[113]. Sie wurde von den Splittern fast ausschließlich an den Beinen getroffen, denn die Uniformjacke hatte den Oberkörper geschützt.

Maria war schwer verwundet und lange Zeit im Krankenhaus. Ihr Chirurg, Stabsarzt Dr. Schubert[114], kämpfte um ihr Leben. Es tat ihm Leid um so einen schönen, jungen Menschen. Schließlich gelang es ihm. Maria war ihm dankbar und dann mehr als das. Sie verliebte sich in ihren Arzt, der natürlich zu Hause eine Frau hatte. Wie ich später erfuhr, war diese in der NS-Frauenschaft[115]. Maria war streng katholisch erzogen worden und sehr gläubig. Sie beichtete ihrem Pfarrer das Verhältnis. Dieser befahl ihr, die Beziehung sofort zu beenden. Als sie aber gestand, nicht die Kraft dazu zu haben, verweigerte er ihr die Absolution.

Obwohl sie ihren Dienst seit einiger Zeit schon wieder ausüben konnte, musste sie sich noch mehrmals kleineren Operationen unterziehen. Die Bombensplitter wanderten in ihrem Körper, wenn sie auf einen Nerv trafen, mussten sie sofort entfernt werden. Das war wieder einmal der Fall gewesen, als ich dort operiert wurde. Dr. Schubert besuchte Maria im Krankenhaus, und so lernte ich ihn kennen. Damals hatte ich keine Ahnung, wie wichtig er für mich einmal werden sollte.

Es dauerte zwei Wochen bis zu meiner Entlassung in den Erholungsurlaub[116], galt doch für mich die gleiche Regel wie für die anderen Kranken, die erst dann zu ihren Dienststellen zurückgeschickt wurden, wenn sie wieder einsatzfähig waren. Oft wurden sie vorher noch in ein Erholungsheim geschickt. Niemand kümmerte sich darum, dass ich zu Hause bei meiner Mutter wohnte, die mich hätte weiter pflegen können. Als nun Anfang Juni die Aufforderung bei uns eintraf, uns fertig zu machen, konnte ich dem Landesgruppenleiter unter Feldpostnummer[117] antworten, dass ich mich momentan im Krankenhaus befände. Später blieb ich noch ein paar Wochen in ambulanter Behandlung, was mir auch einen gewissen

Schutz gewährte. Aber zunächst schien mich Graf Dönhoff vergessen zu haben.

Die Operation hatte mich sehr geschwächt, daher beschloss ich, mir mit Vera einige Tage Erholung zu gönnen. Ich fragte meinen netten Nachbarn, Herrn Lebras, ob er uns nicht einen ruhigen Ort auf dem Land empfehlen könnte. Er schickte uns nach Damville[118], einem kleinen Städtchen in der Normandie, wo er ein einfaches, aber sauberes Hotel empfehlen konnte.

Peter

Vera und ich machten uns auf den Weg nach Damville, wir sollten jedoch dieses idyllische Städtchen nie kennen lernen.

Der Zug fuhr bis Evreux, Hauptstadt des Departements Eure. Dort mussten wir umsteigen, hatten aber mehrere Stunden Aufenthalt. So beschlossen wir etwas zu essen und betraten das Bahnhofsrestaurant. Es war voll von Soldaten der Wehrmacht, die uns interessiert betrachteten. Jetzt brauchte ich keine Angst zu haben wie damals mit Dina. Ich hatte gute Papiere und Vera auch. Man servierte uns ein wirklich köstliches Mahl, wie wir es schon lange nicht mehr gegessen hatten, denn in der Normandie gibt es Kühe, von deren Milch und Sahne man den besten Käse macht. Und auch sonst merkte man da nichts von Lebensmittelknappheit. Wir ließen es uns gut schmecken und waren in bester Stimmung. Bald verwickelten uns die Soldaten in ein Gespräch, wo wir herkämen, wo wir hinwollten usw. Als wir ihnen erklärten, dass wir auf den Zug nach Damville warteten, mischte sich plötzlich ein gut aussehender Feldwebel der Luftwaffe in das Gespräch ein. Er war uns durch seine Uniform sofort aufgefallen. »Was wollt ihr in dem gottverlassenen Nest, Mädels?«, sagte er. »Ich habe da etwas viel Besseres für euch. Ich habe eine Villa mit großem Besitz, die nicht bewohnt ist, als Jagdschloss beschlagnahmt und dort einen Jagdgehilfen mit seiner Familie untergebracht. Ihr könnt dort wohnen, solange ihr wollt, es kostet euch nicht einen Pfennig. Ich bringe euch dorthin und fahre gleich nach Evreux zurück, wo ich stationiert bin. Wenn ihr wieder nach Paris zurück wollt, gebt mir Bescheid, und ich lasse euch abholen.«

Er wirkte vertrauenswürdig und wohlerzogen. Der Vorschlag war verlockend. Was konnte uns passieren? Wir waren doch zu zweit. Also willigten wir ein. Ein Auto mit einem französischen Chauffeur stand ihm zur Verfügung, kein Militärfahrzeug, sondern ein alter Renault, der mit Holzkohle betrieben wurde. Wir fuhren eine Weile durch Wiesen und Wald an einem kleinen Bach entlang, auf einer schmalen Straße mit vielen Kurven, durch mehrere kleine malerische Dörfer, deren Namen alle mit »ville« endeten. Es gefiel uns sehr, aber ein bisschen unbehaglich fühlten wir uns doch, dass wir uns auf so ein Abenteuer eingelassen hatten.

Unser Begleiter war nett und aufgeschlossen. Er erzählte uns, dass er aus Oberschlesien, aus Beuthen, stamme, von Beruf Förster sei und Peter[119] heiße. Deshalb wurde er, obwohl er zur Luftwaffe gehörte, nach Evreux zur Wehrmacht abkommandiert, um dort für die Herren Offiziere Treibjagden zu veranstalten. Diese Herren hatten es offensichtlich besser als ihre Kameraden an der Ostfront. Das Haus in Hondouville, zu dem er uns führte, wirkte wie ein kleines Schloss oder ein englisches »manor«. Es lag auf einem riesigen Grundstück, durch das ein Bach floss und das an den Fluss Iton grenzte. Mehrere Brücken führten über den Bach. Unter der einen schwamm oft eine große Forelle und bewegte sich kaum, ich konnte sie beobachten. Es war wie ein Traum!

Peter zeigte uns die große Halle, das Esszimmer, in dem ein Flügel stand, und das Schlafzimmer mit einem riesigen Bett, in dem man auch quer liegend bequem Platz gehabt hätte. Ich erfuhr, dass der Kronprinz von Rumänien mit seiner Geliebten Lupescu[120] darin einmal eine Nacht verbracht hatte. Wir machten die Bekanntschaft des Jagdgehilfen Monsieur Boulier, seiner Frau und ihrer sechs Kinder, die Peter dort untergebracht hatte, weil sie keine richtige Bleibe hatten. Dann wünschte er uns einen angenehmen Aufenthalt und empfahl sich.

Wir waren glücklich. Die Frau des Jagdgehilfen kochte für uns und wir fühlten uns wie Schlossherrinnen. Wir verbrachten einen wunderschönen Tag an der frischen Luft und inspizierten die Umgebung. Am späten Nachmittag des nächsten Tages erschien unerwartet Peter, um sich nach unserem Befinden zu erkundigen und zu sehen, ob es uns an nichts fehle. Dann schlug er uns vor, mit ihm auf die Pirsch zu gehen, um nach Wildschweinen Ausschau zu halten. Vera

Der Luftwaffensoldat Peter und die Autorin, Herbst 1943
(aus dem Archiv der Autorin).

schien nicht allzu entzückt von dieser Idee, aber ich war begeistert. Durch meinen Vater, der ein großer Naturliebhaber war, kannte ich den Wald und alles, was darin wächst. Ich liebte den Wald. Päpschen und sein Bruder Paul waren leidenschaftliche Pilzsammler, und auch ich verstand schon damals viel davon und kenne mich recht gut mit Pilzen aus. Mehr als einmal überraschte ich Peter mit meinen Beobachtungen. Es wurde schnell deutlich, dass Peter sich für mich interessierte. Vera hatte das gleich bemerkt, und es schien ihr nicht sehr zu gefallen.

Wir fuhren mit seinem Auto eine kleine Strecke bis zum Rande des Waldes. Vera ging mit Fernand, dem Chauffeur, in eine Richtung, wir in die andere. Peter und ich stiegen auf den Hochsitz neben einer Suhle und warteten. Für mich war es ein ganz neues und aufregendes Erlebnis. Wir sprachen kein Wort, rührten uns nicht und blickten unentwegt auf die große Wasserpfütze, in der sich die Wildschweine tummeln sollten. Es war schon recht dunkel geworden und die Umrisse der Suhle waren nur noch schwer zu erkennen. Durch das angestrengte Hinsehen glaubte man, Schatten zu erkennen, die sich bewegten, aber es waren keine Wildschweine, nur optische Täuschungen. Nach einer Weile stiegen wir etwas enttäuscht hinab. Peter meinte, Frauen hätten immer etwas Parfum oder Puder an sich, was die Tiere abhalte.

Wir gingen zum Auto zurück, vorbei an einer großen Waldlichtung, und da, plötzlich, sahen wir im hellen Schein des Mondes ein ganzes Rudel Rotwild grasen. Ein unvergesslicher Anblick. Wir waren reichlich für unser Warten entschädigt. Ich fühlte mich wie in einem wunderschönen Traum, aus dem mich Vera weckte. Sie hatte sich mit dem Chauffeur sehr gelangweilt und überhaupt nichts erblickt.

Inzwischen waren wir alle hungrig geworden. Peter führte uns zu einem Bauernhof in der Nähe. Er schien dort bekannt und sehr beliebt zu sein, denn der Empfang war herzlich. Wir fühlten uns wie im Schlaraffenland. Auf dem eisernen, holzbetriebenen Küchenherd wurde in einer riesigen Pfanne Schinkenspeck gebraten und darüber wurden zwanzig Spiegeleier gegossen. Ich habe sie gezählt. Mir gingen die Augen über. Zu viert haben wir alles aufgegessen, wir Mädchen nur je zwei Eier, mit Schinken und gutem braunen Brot, die beiden Männer den Rest. Wenn es heute in unserer Wohl-

Peter mit doppelläufigem Jagdgewehr in den Wäldern bei Evreux (Eure), 1943. Für den Jagdbetrieb steht ein Renault des Typs VIVA Grand Sport zur Verfügung (aus dem Archiv der Autorin).

standsgesellschaft befremdlich wirkt, dass ich diese Begebenheit überhaupt erwähne, so muss man sich nur vorstellen, wie ausgehungert wir waren. Speck gab es überhaupt nie. Wenn wir in Paris ein Ei im Monat zugeteilt bekamen, so war das etwas Besonderes. Und frisch war es meistens auch nicht.

Peter brachte uns zum Schloss zurück und lud uns für den übernächsten Tag zu einer Treibjagd ein. Auch das war für mich etwas ganz Neues, Interessantes und Aufregendes. Nur Vera ließ sich von meiner Begeisterung nicht mitreißen. Als unser kurzer Urlaub zu Ende ging, Peter uns abholte und zum Zug begleitete, bat er mich, doch recht bald wiederzukommen. Er hätte an den Wochenenden meistens frei und könne mir die Gegend zeigen oder mit mir auf Jagd gehen.

Er muss wohl schon damals Eindruck auf mich gemacht haben, wenn ich mir dessen auch noch nicht bewusst war. Jedenfalls erschien ich am übernächsten Wochenende wieder in Evreux, diesmal ohne Vera, und von da an regelmäßig jede Woche. Einmal stand Peter in der Tür meines feudalen Schlafzimmers und rief aus: »Ich liebe dich ganz wahnsinnig.« Worauf ich, ganz wahnsinnig, anfing zu lachen und dann herausbrachte: »Wie kannst du mich denn ganz wahnsinnig lieben, wenn du mich kaum kennst?« Da musste er auch lachen. Aber sehr bald liebten wir uns wirklich. Wir gefielen uns sehr und bewunderten uns gegenseitig. Ich ihn, weil er mir einen ganz neuen Horizont erschloss, er mich, weil ich mehrere Sprachen sprach. Außerdem verband uns die Leidenschaft zum Wald und zur Natur.

Und René, mein Verlobter? Jetzt war ich ihm untreu geworden. Das Warten aufeinander mit diesen blöden »cartes familiales«, auf denen man nichts sagen durfte, dauerte viel zu lang. Und dann diese Ungewissheit, was die Zukunft betraf.

Vera litt darunter, dass ich meine Wochenenden nun meistens ohne sie verbrachte. Meine Mutter war zu dieser Zeit besonders gut zu ihr, sie war eine lebenskluge Frau. Für mich freute sie sich, dass ich endlich etwas Schönes erleben durfte und glücklich war. Auch sie sagte sich: »Wer weiß, was uns noch bevorsteht?« Denn unser ständiger Begleiter war die Angst um den Vater, um unsere Freunde und um unsere Zukunft.

Die zweite Operation

Ich nahm meine Tätigkeit mit Vera bei Fifi wieder auf. Nach kurzer Zeit schon fühlte ich mich recht unbehaglich. Als ahnte ich, dass man sich bald wieder an uns erinnern würde, um uns nach Berlin zurückzuschicken, um die Scheidung meiner Eltern und die Deportation meines Vaters zu veranlassen. Der sicherste Ort, an dem ich mich verstecken konnte, war das Krankenhaus.

Es waren erst zwei Monate verstrichen, aber um der Ausweisung zu entgehen, war ich bereit, mich noch einmal operieren zu lassen. Dr. Schnitzler war sofort bereit, mir zu helfen, und ließ mich wieder ins Ortslazarett Suresnes einweisen. Dr. Kirchhoff, der mich operiert hatte, war sehr erstaunt, mich wieder zu sehen. »Herr Doktor«, sagte ich betreten, »die Operation ist leider nicht geglückt, es treten die gleichen Symptome wieder auf.« Dr. Kirchhoff zeigte sich ungläubig. Nach eingehender Untersuchung sagte er: »An eine neue Operation ist gar nicht zu denken. Die Wunde ist ja noch gar nicht granuliert. Kommen Sie in einem Jahr wieder zu mir, wenn sich das Gewebe gefestigt hat, dann werden wir weitersehen!«

Mutlos und verzweifelt verließ ich ihn und suchte sofort Dr. Schnitzler auf, der auf einer anderen Station Dienst tat. Der schickte mich auf das Krankenzimmer zurück, das man mir zugewiesen hatte, und beruhigte mich. Er werde mit Kirchhoff sprechen und alles Weitere arrangieren. Tatsächlich gelang es ihm. Als Dr. Kirchhoff am Abend zur Visite erschien, lachte er mich an und sagte: »Ja, Mädel, warum hast du mir denn nicht gleich erzählt, dass du nicht nach Hause willst? Ich operiere dir alles, was du willst!« Wahrscheinlich hatte Schnitzler ihm eingeredet, dass ich mich nicht von meinem Geliebten trennen wollte, oder etwas in dieser Art. Er hat es mir nie erzählt.

Dr. Kirchhoff machte sich ans Werk. Er operierte mich ein zweites Mal, obwohl die Wunde noch nicht verheilt war. Es wurde fast eine Verstümmelung, unter der ich heute noch leide, aber er hat mir geholfen. Ich bin allen beteiligten Ärzten zu großem Dank verpflichtet. Diesmal blieb ich länger im Lazarett.[121] Nach einiger Zeit konnte ich aufstehen und herumhumpeln. Bei dieser Gelegenheit besichtigte ich das große Krankenhaus. Im Untergeschoss entdeckte ich die Küche und lernte einen der Köche kennen, der sich prompt in mich verliebte. Das hatte den großen Vorteil, dass er mir, wenn er Dienst hatte, alle möglichen Leckerbissen zubereitete. Meine Mahlzeiten hob ich für meine Mutter und Vera auf, die mich fast täglich besuchten und ständig hungrig waren. Mit ihren Lebensmittelmarken bekamen sie nur minderwertige Produkte. Der nette Koch brachte mir sogar sein Radio, damit ich mich nicht langweilte.

Diesmal wechselten meine Zimmergenossinnen mehrmals. Maria besuchte mich oft. Ich fühlte mich sicher im Krankenhaus. Da ich mehrmals geröntgt wurde, sprach mich einmal der Röntgenarzt an. Er wollte wissen, wo ich arbeite und ob ich dort nicht kündigen könne, denn er brauche eine Assistentin und Sekretärin, ich erschiene ihm die geeignete Person. Er wollte mich bei meiner Dienststelle anfordern. Jetzt saß ich in der Klemme. Ich sah, dass er vertrauenswürdig war und mir sicherlich nichts Schlechtes antun würde. Durch meine Reaktion wurde ihm klar, dass bei mir etwas nicht stimmte. Dann sagte er: »Sie sind vielleicht nicht ganz ›arisch‹?« Ich wurde rot und blass, aber er beruhigte mich und sagte: »Wie schade, ich suche schon lange jemanden wie Sie! Es ist sehr traurig. Ich hatte einen jüdischen Freund und Kollegen, wir arbeiteten zusammen, aber leider mussten wir uns trennen.« Er war mir also gut gesonnen und bewies mir, dass es, besonders unter den Ärzten, noch anständige Menschen gab.

Bei einem ihrer Besuche brachte mir Vera ein Malheft mit. Auf der Titelseite stand:

Cahier de Dessin
Helga Sorgenkind
»Klasse Analfistel«
III. Stock
Chirurgische Abteilung

Und auf der Innenseite hatte sie die Widmung mit einem Lieblingsausdruck von Peter begonnen:

»Die ausgezeichnete Maßnahme«
1. Kapitel:

Tät ich nicht träumen von Hondouville
Wär mir die Fistel fast doch zu viel …
So aber laß ruhig von hinten mich b'schaun
Sag: »Götz von Berlichingen« zur guten Laun' …
Um aber trotzdem mich zu zerstreuen
Im Leben kann oft doch selbst sich erfreuen
Mach' gleich hier einen neuen Versuch
Zu zeichnen in diesem Dessin-Buch
Des Lebens gesünderen und idealeren Styl:
– – – – – – – – – – – – –
»Erlebnisse, – – Erleben in Hondouville.«
Vera, Suresnes, d. 31. 8. 1943

Das Heftchen sollte mir jedoch nicht zum Zeichnen dienen. Ich
schrieb darin über die Gefühle, die mich zu dieser Zeit stark bewegten, so auch dieses Gedicht:

Ein weißes Haus, umgeben von den Kronen hoher Bäume,
Ein kleiner Bach, darin Forellen, schlank und flink;
Das Wasser spielt. Es spielen meine Träume …
Wann war es, daß ich dort spazieren ging?

Du weißes Haus, erglänzend in der Sonne hellen Strahlen,
Du kleine Brücke, trauter, lieber Steg!
Wär' ich bei Euch, ich glaub, ich müßt Euch malen …
Wann war es, daß dorthin mich führt' mein Weg?

Ihr grünen Wälder, die die Einsamkeit geboren,
Ihr Wiesen, Felder, Wolken, Luft und Wind,
Ihr seid es, ihr, an die ich mich verloren …
Ob ich den Weg zurück zu euch bald find'?

Mein weißes Haus! Wie schnell ihr mich betörtet,
Ihr Bäche, Wiesen, Wälder, tief und groß!
War es mir doch, als ob ihr mir allein gehörtet. …
Und darum läßt die Sehnsucht mich jetzt nicht mehr los …

Später kamen noch einige Gedichte hinzu.

In Paris 1943 bis 1944

Den Mann der jungen Frau[122] im zweiten Stock hatte man schon lange deportiert. Sie wusste nicht wohin. Dann erschienen eines Tages[123] zwei französische Polizisten bei ihr, sie kamen von unserem Revier. Als sie auf ihr Klingeln die Tür öffnete, sahen die Männer die beiden kleinen Jungen, die sich an ihre Schürze klammerten. Da sagte der eine der Polizisten zu dem zweiten: »Man hat uns nur den Befehl erteilt, die Frau mitzunehmen. Von den Kindern war doch nicht die Rede. Was machen wir? Gehen wir zurück und fragen.« Und zu der zu Tode erschrockenen jungen Frau: »Machen Sie sich fertig, wir kommen bald wieder.« Wahrscheinlich kamen sie nicht wieder, aber sie war gewarnt, nahm ihre beiden kleinen Söhne und lief mit ihnen zu uns in den fünften Stock. Sie blieb ein paar Nächte bei uns. Wir benachrichtigten eine ihrer Schwestern, die ihr ein Versteck auf dem Lande besorgte. Alle drei haben den Krieg überlebt.

Vera und ich versuchten weiter, für Fifi Ware aufzutreiben und hatten dabei mal mehr, mal weniger Erfolg. Peter steckte mir oft Lebensmittel zu: Butter, Eier, Wurst und Brot, was natürlich eine große Hilfe war. Dina arbeitete mit ihren Kollegen in einem Kürschneratelier und nähte dicke Jacken aus Schafspelz für die Soldaten an der Ostfront. Durch ihre Sonderausweise fühlten sie sich alle geschützt. Sie lernte dort einen Kürschner kennen, Oskar Weizenbaum, der ihr gefiel. Er war 15 Jahre älter als sie, sah gut aus und man merkte ihm sofort seine gute Erziehung an. Er machte ihr den Hof. Das war für sie etwas Neues, denn außer ihrem Vetter und den Abenteuern mit mir hatte sie noch gar keine Gelegenheit gehabt, Männer kennen zu lernen. Auch ihr hatte man ihre Jugend gestohlen.

Sie willigte ein, als er ihr vorschlug zu heiraten. Es wurde eine traurige Hochzeit im engsten Kreise. Der Vater war wieder einmal verschwunden und Joachim befand sich immer noch zur Zwangsarbeit in Deutschland. Da waren ihre Mutter, die Eltern des Ehemannes und seine Schwester, die geistig leicht zurückgeblieben war, meine Mutter, Vera und ich. Es konnte keine Fröhlichkeit aufkommen, denn alle waren verängstigt und voller Sorgen.

Bald nachdem Dina und Oskar geheiratet hatten, hielten Lastwagen vor einer der Werkstätten. Die Gestapo stürzte ins Atelier, verhaftete alle Anwesenden, lud sie auf die Lastwagen und deportierte sie.[124] Die Nachricht verbreitete sich wie ein Lauffeuer. Am nächsten Tag erschien niemand mehr zur Arbeit. Die geforderte Menge an Pelzjacken war offensichtlich erreicht, die Arbeitskraft wurde nicht mehr benötigt, also ab ins Konzentrationslager!

In großer Hektik suchte die Familie Weizenbaum nun nach einem Versteck, denn es war zu riskant geworden, zu Hause zu bleiben. Dort lief man jeden Augenblick Gefahr, verhaftet zu werden. Dinas Mutter kam zunächst zu uns, bis man etwas Passendes gefunden hatte. Dann bezog sie mit den anderen einen Raum, der im Zwischenstock eines Geschäftshauses lag und unbewohnt war. Nur die Concierge besaß einen Schlüssel, und außer uns war niemand eingeweiht.

Nun begann für alle Beteiligten eine qualvolle Zeit. Das Zimmer war ungefähr vier Meter breit und acht Meter lang. Dort aßen, schliefen und lebten nun das junge Paar, Frau Sudowicz, Oskars Eltern und seine Schwester, also sechs Personen. Sie durften sich den ganzen Tag über kaum rühren, denn ihre Gegenwart musste geheim bleiben. Erst nach sechs Uhr abends konnten sie auf die Toilette gehen, die außerhalb des Zimmers gelegen war. Sie hatten einen kleinen Kocher, um sich etwas Warmes zuzubereiten, aber auch das nur nach sechs Uhr abends. Ab und zu brachte meine Mutter ihnen etwas Geld von einer Sozialfürsorgerin, die im Rathaus des Stadtteils der Avenue de Corbéra arbeitete und über einen kleinen Hilfsfonds verfügte. Auch die gute Butter von Peter teilten wir mit ihnen. Trotzdem wurde der Zustand dort sehr bald unerträglich. Die vielen Menschen auf der kleinen Wohnfläche, die sich tagsüber kaum bewegen durften, ohne Toilette und Waschgelegenheit – es war die Hölle! Sie gingen sich schrecklich auf die Nerven und stritten sich immer öfter.

Eines Tages erklärte Dina, sie könne es nicht mehr aushalten, sie gehe auf die Straße. Wenn sie geschnappt würde, sagte sie, könne das KZ auch nicht schlimmer sein, als das Zusammenleben unter diesen Umständen. Sie war nicht zu halten, ließ sich die Haare blond färben und nannte sich Vera, Dina klang ihr zu biblisch. Die richtige Vera und ich trafen uns so oft wie möglich mit ihr, und dann gingen wir zu dritt spazieren, um ihr Bewegung zu verschaffen und sie aufzuheitern.

Ungefähr zu dieser Zeit passierte Folgendes: Als ich mit Vera eines Tages ahnungslos in das Einkaufsbüro von Fifi ging, wurden wir dort von Gestapo-Leuten empfangen. Fifi war verhaftet worden. »Was machen Sie hier?«, wurden wir gefragt, nachdem man unsere Papiere geprüft hatte. »Wir wollen Herrn Fiedler besuchen«, erwiderten wir so harmlos wie möglich und Vera bat darum, auf die Toilette gehen zu dürfen. Dort zerriss sie sofort alle Adressen und Notizen, die sie in der Tasche hatte. Gott sei Dank verhaftete man uns nicht, schickte uns aber zur Kommandantur von Paris am Place de l'Opéra, wo wir uns bei einem Oberst melden sollten. Vera schien äußerlich ruhig, ich aber war in Panik. Wir wurden einzeln bei dem Oberst vorgelassen. Vera kam bald wieder heraus und zwinkerte mir beruhigend zu. Wahrscheinlich hatte sie wieder mal ihren Rock ein bisschen höher geschoben, denn ihre schönen Beine verfehlten selten ihre Wirkung. Der Oberst bot mir einen Stuhl an und studierte meine Kennkarte. Dann rief er aus: »Helga Treuherz, aha! Auf Sie habe ich schon lange gewartet.« Ich erschrak noch mehr. »Na also, nun sagen Sie mir mal: Wo sind Ihre Brüder? Die suchen wir schon lange.« »Welche Brüder?«, stammelte ich. »Ich habe keine Brüder, ich bin Einzelkind.« »Erzählen Sie mir keine Märchen, Klaus und Peter Treuherz, zwei Deserteure. Los, sagen Sie mir, wo die sich verstecken!« »Aber Herr Oberst, ich habe wirklich keine Brüder. Das müsste ich doch wissen. Meine Mutter hat keine anderen Kinder außer mir!«, rief ich verzweifelt. Er hob den Telefonhörer auf und fragte nach den Geburtsdaten dieser beiden Männer, von denen ich noch nie etwas gehört hatte. Dann blickte er auf meine Kennkarte und ich hörte ihn sagen: »Aha, im Juni 1920 geboren, na danke, also technisch unmöglich.« Und gab mir die Karte zurück. Wir waren entlassen und wieder in der Freiheit. Mir zitterten die Knie. Ein Glück, dass ich im Februar 1920 geboren bin. Was mit Fifi geschehen war, haben wir nie erfahren. Wir haben ihn nie wieder gesehen. Wir fühlten nur, wie sich die Maschen eines unsichtbaren Netzes immer enger um uns zogen.

Wochenenden mit Peter in Hondouville

Wie kann man gleichzeitig unglücklich und glücklich sein? An den Wochenenden flüchtete ich regelmäßig vor der beängstigenden Atmosphäre in Paris. Peter liebte mich und ich ihn. Er erwartete mich stets mit Ungeduld und hatte bei jedem Besuch eine Überraschung für mich vorbereitet. Einmal fand ich einen herrlichen Blumenstrauß mit einem Kärtchen: »Es tut mir so leid, ich habe diese Woche Dienst und kann nicht bei Dir sein. Ich liebe Dich ganz wahnsinnig!« Ich war schrecklich enttäuscht und den Tränen nahe. Da stand er plötzlich in der Tür, lachte über das ganze Gesicht und nahm mich in die Arme.

Nach und nach brachte er mir das Jagen bei. Er legte ein kleines Lexikon mit allen Ausdrücken, die ein Jäger kennen muss, für mich an. Ich war eine gelehrige Schülerin. Wir unternahmen lange Waldspaziergänge und Peter war immer wieder erstaunt über meine Naturkenntnisse und meinen Wissensdurst.

Die französische Bevölkerung durfte keine Waffen besitzen, auch keine Jagdgewehre. Da sie also während der Besatzungszeit nicht mehr jagen konnte, hatte sich das Wild stark vermehrt. Besonders die Wildschweine verursachten großen Schaden auf den Feldern und zerstörten die Kartoffelernte. Deshalb wurden Treibjagden auf Wildschweine organisiert. Von Peter erhielten die Bauern Jagdgewehre, die sie nach der Jagd wieder abgeben mussten. Am Vortag machte der Jagdgehilfe Monsieur Boulier den Standort der Wildschweine ausfindig. Am nächsten Tag wurde ein großes Waldstück von den Jägern umstellt, und die Hunde wurden losgelassen. Ich durfte mehrmals dabei sein. Die Beute wurde dann unter die Teilnehmer verteilt. Es herrschte eine recht entspannte Atmosphäre bei den Treibjagden. Peter war beliebt bei den Bauern, die doch sehr unter der Besatzung litten. Sie sahen in ihm wohl eher den Förster als den deutschen Soldaten.

Anschließend ging man zum Bürgermeister des Dorfs und trank ein paar Gläschen. Der hatte ein junges Wildschwein, das er großzog, weil dessen Mutter bei einer Treibjagd getötet worden war. Das Tier war zahm wie ein Hund, fraß aus der Hand, spazierte im Zimmer herum und hörte, wenn man es beim Namen rief. Leider wurde das niedliche Tierchen zusehends größer, und auch sein Bedarf an Nahrung wurde ein Problem. Schließlich musste sein Besitzer sich von ihm trennen und schickte es in den Wald zurück.

Bald brachte Peter mir ein Jagdgewehr. Er traute mir jetzt zu, dass ich damit umgehen könne. Es war eine leichte Waffe, für Damen geeignet, 16 mm Superposé. Ich war sehr stolz. Oft habe ich es nicht benutzt. Einmal blamierte ich mich allerdings schrecklich: Peter und Fernand, sein Chauffeur, gingen mit mir auf die Jagd. Wir waren schon eine Weile gewandert, als wir auf ein weites Feld kamen. Dort, kaum zu glauben, tummelte sich ein Wildschwein. Es hatte uns noch nicht bemerkt, als wir alle drei schussbereit waren. Die Herren ließen mir den Vortritt. Ich legte an und zielte, aber kein Schuss löste sich, als ich abdrückte. Dabei hatte alles gestimmt: die Entfernung war nicht groß und es gab kein Hindernis. Ein Traum für jeden Jäger! Peter schoss und erlegte das Tier. Was war geschehen? Ich kam mir schrecklich blöd vor. Beim Laufen mit gekapptem Gewehr, eine Vorsichtsmaßnahme, hatte ich die Patronen verloren. So eine Blamage! Sie lachten mich aus und dann trösteten sie mich. »So etwas kann schon mal passieren!« Heute bin ich froh, das Tier nicht getötet zu haben. Ich bin ja viel zu tierlieb, aber damals war ich voller Abenteuerlust, verliebt und kam mir sehr interessant vor. Zumindest in Hondouville, in Paris war ich dann eine andere.

Ich sollte aber meine Revanche bekommen. Peter organisierte an einem sonnigen Sonntag eine Treibjagd für seine Offiziere. Ich war auch dabei. Er positionierte mich auf einem Waldweg, der von beiden Seiten von dickem Gestrüpp eingeschlossen war. Er selbst stellte sich ungefähr hundert Meter weiter in derselben Schneise auf, nachdem er mir vorher genaue Anweisungen gegeben hatte. Ich sollte möglichst zwischen die Augen schießen oder zwischen Schulterblatt und Brust. Bisher hatte ich auf einer Treibjagd noch nie schießen müssen, ich war nie in die Situation gekommen, und im Grunde war ich immer froh darüber, denn ich traute mir nicht zu, ein Wildschwein zu erlegen.

Auch diesmal verharrte ich fast unbeteiligt an meinem Standort und lauschte dem Bellen der Hunde, das mir recht weit entfernt schien. Aber dann kam es immer näher, direkt in meine Richtung, das konnte doch nicht sein. Ich hörte das aufgeregte Gekläff, Büsche knacken, und dann ging alles sehr schnell. Ich legte an, sah etwas

Dunkles über den Weg huschen und schoss. Das Tier verschwand. Ich machte mir Vorwürfe. So ein Pech, dass es ausgerechnet bei mir vorbeilaufen musste. Peter hatte gut reden: zwischen die Augen oder zwischen Schulter und Brust. Ich hatte das Tier ja kaum gesehen. Da kam er schon auf mich zu und machte beim Gehen eine Bewegung mit der Hand nach unten. Als er mich erreichte, sagte ich verzweifelt: »Nein, nein, es war kein Kaninchen.« So hatte ich seine Geste verstanden. »Es war ein richtiges Wildschwein. Und ich habe es verfehlt.« »Ja«, sagte er, »es war ein richtiges Wildschwein. Das habe ich gesehen. Aber du hast zu niedrig gezielt. Hast du denn überhaupt mal nachgesehen, ob du getroffen hast?« Ich verneinte, sicher, es verfehlt zu haben. Er schob das Gebüsch beiseite und ging ein paar Schritte hinein, ich hinterher. Und da lag das Tier, tot. Ein Meisterschuss!

Es war das einzige Wildschwein, das auf dieser Jagd erlegt wurde. Peter war ungeheuer stolz auf mich. Die anderen aber wollten nicht glauben, dass ich es war, die den Schuss abgefeuert hatte, und dachten, es sei Peter gewesen, der aus Ritterlichkeit mir die Ehre habe zukommen lassen wollen. Er protestierte energisch und schlug vor, mein Gewehr zu prüfen. Und siehe da, es war eindeutig erwiesen, dass der Schuss aus meiner Waffe abgefeuert worden war. Da staunten sie alle, die Herren Offiziere, und dann feierten sie mich. Das Tier wurde zerlegt, und mir wurde feierlich auf einem Samtkissen eine seiner Pfoten als Jagdtrophäe präsentiert. Peters Stolz kannte keine Grenzen, und ich erlebte alles wie in einem Traum. Später nahmen wir ein Festmahl ein, und anschließend tanzten wir in einem feudalen Hotel. Peter tanzte nicht, aber alle wollten mit mir, der Königin des Tages, eine Runde drehen. Welch eine Ironie. Wenn sie geahnt hätten, dass diese »Königin« nicht rein »arisch« war? Peter war sehr eifersüchtig, das merkte ich bald. Mir selbst war, trotz meiner Tanzleidenschaft, auch nicht allzu wohl dabei, denn ich kannte diese Männer in ihren Uniformen nicht. Als wir das Fest endlich verließen, weinselig und beschwingt, waren wir beide froh. Für mich blieb es ein unvergessliches Erlebnis.

Ich hatte mich sehr mit Frau Boulier und ihren Kindern angefreundet. Tagsüber stromerte ich oft mit der ältesten Tochter in der Gegend herum, oder wir machten Fahrradtouren in die Umgebung. Einmal nahm ich meine Mutter am Wochenende mit. Sie war überwältigt von all dem Schönen, was wir ihr bieten konnten. Jetzt verstand sie wohl, warum ich jede freie Minute bei Peter verbrachte, der ihr von Anfang an sehr sympathisch war. Sie freute sich über jede schöne Stunde, die ihrer Tochter vergönnt war.

Wieder eine Vorladung zur NSDAP

Der Herbst war schnell vorübergegangen, und inzwischen war schon wieder Winter. Ich verbrachte weiterhin viel Zeit in Hondouville. An den langen Winterabenden, wenn Peter nicht bei mir sein konnte, saßen wir, Frau Boulier, ihre Töchter und ich, beim Kaminfeuer in meinem großen Schlafzimmer, rösteten Kastanien, sangen französische Volkslieder und erzählten uns Geschichten. Ich hatte Frau Boulier schon lange in mein Geheimnis eingeweiht. Aber ihr Mann durfte nichts davon wissen.

Mittlerweile hatte der Krieg eine andere Wendung genommen, und ein deutscher Sieg schien nicht mehr so gewiss. Unter den Soldaten ging schon damals der Spruch[125] um: »Genießt den Krieg, der Frieden wird fürchterlich!« Damals kursierten einige dieser sarkastischen Witze: »Kennst du den neuesten Baustil?« »Nein – was ist das?« »Deutsches Barack des späten Dritten Reiches.« Vielleicht kam mir diese veränderte Einstellung zugute? Andererseits waren die Nazis rabiater denn je. Die Deportation der übrig gebliebenen Juden und der Gefangenen aus dem französischen Widerstand wurde immer schneller vorangetrieben.

Und dann, eines Tages im Februar 1944, erhielt ich wieder eine Vorladung zur Landesgruppenleitung der NSDAP. Jetzt gab es kein Entrinnen mehr. Ich machte mich auf das Schlimmste gefasst, war jedoch fest entschlossen, bis aufs Äußerste zu kämpfen und nicht nachzugeben, damit mein Vater weiterhin durch seine Ehe mit einer französischen »Arierin« geschützt blieb.

Der Landesgruppenleiter empfing mich höflich, aber kühl. »Wir haben bisher viel Geduld mit Ihnen gehabt«, sagte er, »aber jetzt ist die Frist abgelaufen, und Sie werden ohne weiteren Aufschub nach Deutschland zurückkehren.« »Herr Graf von Dönhoff«, sagte ich und blickte ihm direkt in die Augen, wir standen beide, jeder auf einer Seite seines Schreibtischs, »Sie sind ein stolzer Mensch, der

I. LANDESGRUPPENLEITUNG

DER AO DER NSDAP. IN FRANKREICH

Paris, Boulevard de la Madeleine 12

Fernruf : OPEra 08-20/26

Landesgruppenleiter	Pg. K. Wilh. Hubl	Verm. Landesgr.
Organisationsamt	Pg. Helmut Schmidt (II.)	Verm. Landesgr.
Hauptstelle Ausbildung	Pg. Karl Kessler	Verm. Landesgr.
Propagandaamt	Pg. Erich Mächler	Verm. Landesgr.
Schulungsamt i. V.	Pg. Heinrich Pitz	Verm. Landesgr.
Hauptstelle Aktive Schulung	Pg. Heinrich Pitz	Verm. Landesgr.
Personalamt i. V.	Pg. Helmut Schmidt	Verm. Landesgr.
Presseamt	Pg. Helmut Lucas	über GUT 80-60
Rechtsamt	Pg. Dr. Graf Dönhoff	Verm. Landesgr.
Schlichter	Pg. Dr. Werner Senftleben	Verm. Landesgr.
Inspekteur f. Seeschiffahrt	Pg. Erich Nolte	Verm. Landesgr.
Kassenleitung	Pg. Kurt Engelmann	Verm. Landesgr.
Wirtschaftsberater	Pg. Dr. Kramer	über KLE 93-40
Arisierungskommissar (rue Beaujon 15)	Pg. Ferdinand Niedermeyer	über CAR 22-66
Amt f. Kriegsopfer i. V.	Pg. Helmut Schmidt	Verm. Landesgr.
Rassenpolitisches Amt i. V.	Pg. Heinrich Pitz	Verm. Landesgr.
Amt f. Volksgesundheit	Pg. Dr. Alfred Knapp	über INV 60-80
Amt f. Kriegssachsäden i. V.	Pg. Helmut Schmidt	Verm. Landesgr.
Beauftragter des LG-Leiters	Pg. Gerhard Hibbelen	über SEG 29-10
Mob-Beauftragter	Pg. Erich Mächler	Verm. Landesgr.
SA-Beauftragter	SA Ostubaf. Kessler	Verm. Landesgr.
Landesfrauenschaft		
Landesfrauenschaftsleiterin	Pgn. Ilse-Marie Arnold	Verm. Landesgr.
Abteilung Geschäftsleitung	Pgn. Lore Akelbein	Verm. Landesgr.

S. 1 aus dem Anschriftenverzeichnis der Auslandsorganisation (AO) der NSDAP in Frankreich, 1. Aufl., April 1944 (aus dem Bundesarchiv, Militärarchiv, Freiburg).

weiß, was Ehre bedeutet. Aber auch ich bin stolz. Ich gehöre nicht zu denen, die die andere Backe hinhalten, wenn man sie auf die eine geschlagen hat. Hier in Paris kann ich erhobenen Hauptes herumgehen, in Deutschland aber bin ich ein Mensch zweiten Grades ohne Ehre. Dieser Gedanke ist mir unerträglich! Und ich weiß, dass Sie mich verstehen. Darum bitte ich Sie, wenn Sie es irgendwie können, wenn Sie irgendeinen Weg wissen, helfen Sie mir!« Ich schwieg.

Meine Worte hatten ihre Wirkung nicht verfehlt, kannte ich doch, nach sechs Jahren in Hitlerdeutschland und dreieinhalb Jahren unter deutscher Besatzung, die Mentalität dieser Menschen und ihre Terminologie. Absichtlich hatte ich meinen Vater mit keinem Wort erwähnt. Der Graf war bleich. Er war unsicher geworden. Er stammelte: »Fräulein Treuherz, was ich Ihnen jetzt sagen werde, bleibt unter uns. Dieses Gespräch hat nie stattgefunden. Verstehen Sie mich? Es gibt einen Weg, der Sie vor dem Zurückschicken schützt. Sie müssen eine Arbeit finden, die Sie für den Krieg unabkömmlich macht. Auf Wiedersehen.«

Er hatte mir also so weit geholfen, wie es in seiner Macht stand. Ganz benommen von meinem Sieg, fuhr ich nach Hause, wo meine Mutter und Vera mich voller Angst erwarteten. Diese Etappe hatte ich gewonnen. Aber wie und wo sollte ich als Halbjüdin eine Arbeit finden, die mich kriegswichtig machte?

Auch Veras Beziehungen waren da machtlos. Ich erzählte Maria, meiner neuen Freundin aus dem Ortslazarett Suresnes, die uns oft besuchte, davon. Als sie meine Verzweiflung sah, hatte sie plötzlich eine Idee: »Der Schubert muss dir helfen!« Ich sah sie zweifelnd an: »Kann er das denn überhaupt? Und wenn, warum sollte er das für mich tun?« Maria beschwichtigte mich. »Lass mich nur machen, ich kenne meinen Schubert! Du wirst sehen, wir werden schon einen Weg finden!«

Und wirklich, es dauerte nicht lange, da bat mich der Stabsarzt Dr. Schubert vom Ortslazarett Nordbahnhof zu sich. Ich dachte mir: »Wie kann ein Arzt mich denn für den Kriegseinsatz unabkömmlich machen?« Er fragte mich, ob ich für ihn arbeiten wolle. Natürlich wollte ich – welche Frage – aber: »Herr Dr. Schubert«, wandte ich ein, »Sie müssen wissen, dass ich Halbjüdin bin.« »Das interessiert mich nicht, das will ich nicht wissen und sonst auch niemand. Also, wenn Sie wollen, können Sie bei mir arbeiten.«

Und so wurde ich von Dr. Schubert laut Privatdienstvertrag[126] als »Laborantin« engagiert. »Sie müssen sich verpflichten«, verlangte er, »von all dem, was Ihre Arbeit anbetrifft, nie ein Wort verlauten zu lassen.« Natürlich willigte ich ein. Was konnte schon in einem Krankenhaus so Geheimnisvolles geschehen? Auch das Gehalt, das er mir zahlte, war durchaus annehmbar. Ich war ihm zu großem Dank verpflichtet.

Der Vater in Berlin

Mein Vater war durch diese neue Entwicklung vorläufig vor der Deportation geschützt. Sein letzter Brief trug aber eine andere Adresse. Er befand sich jetzt im Jüdischen Krankenhaus Berlin. Dort waren also noch einige Juden übrig geblieben. Wie immer war mein Päpschen sehr tapfer und bat uns, uns keine Sorgen um ihn zu machen, denn er sei nicht ernstlich krank und würde dort gut gepflegt. Er sagte allerdings nicht, was mit ihm los war.

Erst nach dem Krieg haben wir erfahren, dass er an einer Schleimbeutelentzündung litt und dass man ihm mehrere Zehen amputiert hatte. Bei seiner Arbeit als WWJ auf dem Güterbahnhof war ihm eine schwere Kiste auf den Fuß gefallen. Außerdem war er zuckerkrank. Major Boetticher[127], einer der Offiziere, die Vera in Paris protegierten und den ich dadurch gut kannte, schlug vor, meinen Vater bei seinem nächsten Urlaub im Jüdischen Krankenhaus in Berlin zu besuchen. Er wohnte in Neu-Ruppin, nicht sehr weit von Berlin, und war bei der deutschen Abwehr Major der Reserve, ein älterer sehr feiner Mensch. Mit dem Besuch ging er ein großes Risiko ein, aber er empfand es als seine menschliche Pflicht.

Auf diese Weise erhielt mein Vater endlich einmal genauere Auskunft über uns, denn sonst mussten wir in unseren Briefen jedes Wort zweimal überlegen. Major Boetticher brachte ihm auch Lebensmittel mit. Als er wieder in Paris war, beruhigte er uns mit der Behauptung, das Krankenhaus sei von jüdischen Ärzten und Personal gut geführt und die Insassen hätten es dort nicht schlecht. Später erfuhren wir, dass mein Vater, der bei den Ärzten sehr beliebt war, im Krankenhaus verbleiben durfte, weil er kleine Hilfsdienste leistete. So war seine Verpflegung gesichert, er brauchte keine Zwangsarbeit mehr zu verrichten und stand unter ärztlicher Aufsicht.

Er erhielt manchmal Besuch von einem entfernten Vetter[128] meiner Mutter, der keine Angst hatte ins Krankenhaus zu kommen. Ganz im Gegensatz zu den Geschwistern meiner Mutter, mit denen wir jahrelang eng verbunden gewesen waren und denen mein Vater oft und viel geholfen hatte. Sie trauten sich nicht. Es war für uns recht enttäuschend. Nur mein Vetter Fritz, der es nicht mehr geschafft hatte, zu seinem Vater, Onkel Paul, nach Australien zu kommen und der die ganzen Jahre bei meinem Vater gewohnt hatte, besuchte ihn, so oft er konnte. Fritz war »Dreivierteljude«. Er wurde mehrmals verhaftet und kam erst dann endgültig frei, als seine Mutter bezeugte, er sei nicht der Sohn ihres jüdischen Ehemannes Paul Treuherz, sondern der Sohn eines »arischen« Freundes, der inzwischen längst tot war. Hier der Brief meines Vaters, den Major Boetticher im April 1944 von Berlin nach Paris schmuggelte:

Bln. 5. 4. 44

Meine sehr Lieben!

Wann Ihr diese Zeilen erhalten werdet, weiss ich nicht, aber ich will die gute Gelegenheit nicht unbenutzt lassen, Euch mal etwas ausführlicher zu schreiben. Vorläufig bin ich ja noch im Krankenhaus, werde aber nun wohl in einigen Tagen herauskommen. Jetzt kann ich Euch auch mal ein kleines Bild geben, wie es hier nach den sogenannten Terrorangriffen[129] aussieht, aber noch besser wird Euch der Überbringer dieser Zeilen einen mündlichen Bericht erstatten können. Ihr würdet ein Grauen bekommen, wenn Ihr das heutige Berlin sehen würdet. Ganze Stadtteile ein einziger Trümmerhaufen. Es stehen ja noch eine ganze Menge Häuser, aber mit Ausnahme weniger Strassenzüge haben fast alle Häuser etwas abbekommen. Die Urlauber aus dem Felde sagen, dass die zerschossenen Ortschaften im Kriegsgebiet nicht so mitgenommen sind wie gerade die Reichshauptstadt. Unser Haus ist glücklicherweise bisher von schweren Treffern verschont geblieben, die beiden Nachbarhäuser zur rechten und linken sind zerstört. Auch das Krankenhaus hat einige Treffer abbekommen, aber von den Insassen ist keiner zu Schaden gekommen. Das Krankenhauspersonal ist darin zu bewundern. Abgesehen von dem an und für sich nicht leichten Dienst für das zu wenige Personal, mussten sie an manchen Tagen 3mal die nicht gehfähigen Patienten auf Tragbahren in den Keller schaffen und wieder zurück, wobei Alles, auch die leitenden Ärzte mit zupackten. Nach dem letzten Grossangriff mussten allerdings die Patienten 10 Tage im Keller bleiben, bis die anderen Räume einigermassen hergerichtet waren, was auch alles vom Personal instandgesetzt werden musste. Und dabei müssen sie immer, insbesondere die Schwestern, zu jedermann freundlich und höflich sein, wobei man speziell in der chirurgischen Abteilung mit sehr ungeduldigen Kranken zu tun hat. Ich selbst habe, trotzdem ich immer glücklicherweise gut weggekommen bin, auch empfindlichen Schaden gehabt, da mir 2 Koffer gerade mit meinen besten Sachen ausgebombt und völlig verbrannt sind.

Auch meine Arbeitsstelle, der Güterboden der Berl. Paketfahrt am Anhalter Bhf. ist vollständig ausgebrannt, und meine Arbeitssachen mit, darunter eine Lederjoppe, die mir Schampel s. Zt. zur Verfügung gestellt hatte, und 1 Paar 1^a [prima] Leder-Fausthandschuhe, die mir Gathe[130] seiner Zeit aus einem Schweinslederfell gearbeitet hatte. Na Schwamm drüber, das sind Äusserlichkeiten, denen ich nicht nachtrauere. Während ich hier im Krankenhaus bin, wollte man mich mal wieder von Hause abholen, also zum 3. Male. Wenn wir nicht bald Frieden bekommen, muss man doch noch mit der Abwanderung[131] rechnen, allerdings braucht Ihr Euch meinethalben keine Sorgen zu machen, da ich voraussichtlich in den für Bevorzugte gewählten Ort Theresienstadt*) kommen würde, von wo man auch, allerdings wohl nur monatlich einmal, schreiben darf. Wenn Ihr also längere Zeit von mir nichts hören solltet, macht Euch keine Sorgen. Ihr werdet dann auch von Käte[132] unterrichtet werden. Über unsere andere l. [liebe] Verwandtschaft musste ich mich doch wieder wundern. In der ganzen Zeit meines Krankenhaus-Aufenthaltes hat sich kein einziger um mich gekümmert. Die haben mit Ausnahme von Schampel, der effektiv nicht die Zeit hat, alle die Hosen gestrichen voll, obwohl ein Krankenhausbesuch ganz ungefährlich ist, da fast nur arische Verwandte als Besucher für die Kranken in Frage kommen. Wenn ich sonst zu Dora[133] komme, möchte sie mir am liebsten noch alles hinten reinstopfen, aber sonst traut sie sich nicht über den Weg. Bei Gathe liegt es etwas anders. Sie ist besorgt um ihre Rente, zumal sie in einem in dieser Beziehung gefährdeten Haus wohnt, aber sie hat doch eine Tochter, für die wir ja auch mal etwas übrig gehabt haben. Nun ich mache mir weiter nichts daraus, ich habe mich nur gewundert, und ich glaube, wir würden uns etwas anders benommen haben. Mit dem Schreiben von hier ist es auch schwieriger geworden. Man darf nur gegen Vorlegung einer von der Polizei ausgegebenen Kontrollkarte, die aber J's [Juden] nicht erhalten, 2 mal monatlich Briefe schicken, so dass ich nur noch Postkarten schreiben kann. Da man die Karten persönlich gegen Vorzeigung der Kennkarte bei der Post abgeben muss, musste ich während meines hiesigen Aufenthaltes Frauen von Kollegen bitten, die Karten unter ihrem Absender aufzugeben, daher die verschiedenen Adressen. Wie geht es bei Euch? Hoffentlich gesund und alles im Lot. Seid recht herzlich gegrüsst und geküsst von Eurem Päpschen

*) Th. zwischen Dresden und Prag

Meine Arbeit im Ortslazarett Nordbahnhof

Meine Arbeit als Laborantin war hochinteressant. Meinen sehnlichsten Wunsch, Ärztin zu werden, hatte Hitler mir vereitelt, aber jetzt bewegte ich mich in der Krankenhaus- und Laboratmosphäre und fühlte mich dort sehr wohl.

Mit mir arbeiteten noch eine junge Bulgarin, Lydia[134], mit der ich mich sehr gut verstand, sowie einige Medizinstudenten, die als Verwundete eingeliefert worden waren. Dr. Schubert wollte sie aber nicht an die Front zurückschicken und hatte sie deshalb für seine Forschungsarbeiten angefordert.

Es handelte sich definitiv um Forschungsarbeiten, wie ich sehr schnell feststellen sollte. Ich arbeitete nicht nur für Dr. Schubert, sondern für ein Team, das sich aus drei Wissenschaftlern zusammensetzte: Dr. Schubert, Mediziner, Dr. Starke[135], Chemiker, und Dr. Maurer[136], Physiker. Ab und zu erschien ihr Chef, Professor Riezler[137], um den Stand der Dinge zu prüfen. Das Programm[138] hieß: »Die Erforschung der Wirkung von Neutronenstrahlen auf den Organismus«, worunter ich mir zu dieser Zeit überhaupt nichts vorstellen konnte. Wie sollte ich auch? Erst nach dem Krieg wurde mir klar, wozu das Programm eigentlich diente. Denn wer wusste damals, was eine Atombombe[139] ist? Es gab noch keine. Aber wenn die Nazis sie entwickeln wollten, mussten sie wissen, wie die radioaktiven Strahlen vom Körper absorbiert werden. Zunächst handelte es sich nur um Tiere.

Gleichzeitig lief ein zweites Programm, das anscheinend medizinisch war. Man erzeugte bei Ratten eine künstliche Anämie, indem man sie ausschließlich durch Milch ernährte. Es gehörte zu unserer Arbeit, den Tieren jeden Morgen Blutproben zu entnehmen und dann die entsprechenden Untersuchungen zu machen.

Die Tiere waren durch Schnitte an den Ohren gekennzeichnet. Wir hatten ungefähr 35 Tiere, aber nicht für jedes einen einzelnen Käfig, sondern im Ganzen nur drei größere Käfige. In diesen Käfigen hausten alle zusammen, ein Umstand, der das Experiment schließlich scheitern ließ.

Wir hatten große Holzzangen, mit denen wir die Ratten zu fassen versuchten, was nicht immer sofort gelang. Einmal entwischte mir eine und lief innen an meinem Ärmel entlang bis auf den Rücken. Ähnliches war mir ja in Gurs auch schon passiert, aber dort waren es große graue, keine weißen Labortiere. Am oberen Teil des Schwanzes wurde ein kleiner Einschnitt vorgenommen und das Blut mit einer Pipette aufgesaugt. Dann konnte die Zählung beginnen, eine Arbeit, die mir Spaß machte.

Warum aber scheiterte das Experiment? Weil die Tiere nach einer Weile von der Milchkost so geschwächt waren, dass sich die robusteren auf die schwächeren stürzten und sie mit Haut und Haar lebendig auffraßen, sodass aus der Milchkur eine Fleischkur geworden war.

Das Hauptforschungsprogramm war wesentlich seriöser. Frankreich besaß ein Zyklotron[140], Deutschland noch nicht. Es befand sich im Collège de France[141], und Professor Joliot-Curie[142] stand ihm vor. Es war schmerzlich und demütigend für ihn, als die Deutschen das Institut beschlagnahmten. Sie vertrieben ihn nicht, sie zeigten in diesem Fall ein gewisses Maß an Taktgefühl. Oder brauchten sie ihn? Er hatte natürlich keinen Zugang mehr zum Material, ihm waren die Hände gebunden. Einmal begrüßte er unser Team, als wir dort waren. Auch mir gab er die Hand, was mich sehr beeindruckte, aber mir gleichzeitig auch sehr peinlich war. Er konnte ja nicht ahnen, dass ich auf seiner Seite stand.

Das Zyklotron wurde von einem französischen Techniker betrieben, denn kein Deutscher wusste mit ihm umzugehen. Ich hatte keine Ahnung, wie es funktioniert, ich betrachtete den großen Apparat eher mit gemischten Gefühlen. Ich erinnere mich nur an die großen Blöcke aus Wachs oder Paraffin, in die die Gefäße mit der Flüssigkeit eingebettet wurden, die später im Zyklotron radioaktiv gemacht werden sollte.

Wenn alles planmäßig verlief, was aber durchaus nicht immer der Fall war und oft am Zyklotron selbst lag, spielte sich das Programm folgendermaßen ab: Dr. Starke, der Chemiker, stellte die Flüssigkeit her. Abwechselnd arbeitete ich für alle drei Wissenschaftler. Bei Dr. Starke besinne ich mich, hauptsächlich in einer Dunkelkammer Negativplatten entwickelt zu haben. Bilder bekam ich nie zu Gesicht. Waren es vielleicht persönliche Fotos? Dr. Starke war noch recht jung und sehr nett. Er war bestimmt kein Nazi. Anders Dr. Maurer[143], der Physiker.

NSDAP-Eintritt Werner Maurer, Mitgliedsnummer 165488,
1. November 1929 (Bundesarchiv Berlin).

Die von Dr. Starke hergestellte Flüssigkeit wurde also im Zyklotron radioaktiv gemacht und auf schnellstem Wege zu Dr. Schubert ins Lazarett gebracht. Dort spritzten wir Assistenten Meerschweinchen eine festgelegte Menge an Flüssigkeit ein. Das war gar nicht so einfach, denn ihre Haut ist wie Leder und die dicke Spritze ging schwer hindurch. Die armen Tierchen wehrten sich, so gut sie konnten, aber es half ihnen nichts. Am Abend wurden sie seziert, nachdem das am Morgen gespritzte Präparat wirken konnte. Und dann musste alles sehr schnell gehen, denn die Radioaktivität verringerte sich rasch. Wir mussten nachts arbeiten und schliefen bei diesen Gelegenheiten im Hospital. Die Organe wurden von Lydia und mir sofort in rauchender Salpetersäure zu feinem Staub verbrannt. Für die Leber brauchten wir viel Zeit, wenig dagegen für die Nebennieren, die so winzig waren, dass man sie kaum sah. Unsere Aufgabe war es dann, den Staub auf kleine beschriftete Glastellerchen zu verteilen.

Später durften wir ein bisschen schlafen, aber am frühen Morgen schon wurden die Organreste gefiltert und auf feine Plättchen aufgetragen, die dann ohne weiteren Zeitverlust auf ihre Radioaktivität hin gemessen werden mussten. Das war Dr. Maurers Aufgabe. Und Dr. Maurer war ein Fanatiker.

Weder Lydia noch ich verstanden, wozu unsere Tätigkeit diente und was das alles zu bedeuten hatte. Warum sie als Bulgarin dort arbeitete, habe ich nie erfahren. Auch sie wusste natürlich nichts Näheres über mich.

Die Arbeit war sehr interessant, etwas anderes, als Wurst oder Stoff zu verkaufen oder Briefe zu tippen.

Im Labor verbrachte ich die meiste Zeit. Dr. Schubert sah ich wenig, seine studentischen Mitarbeiter wussten auch ohne ihn gut genug Bescheid. Ins Collège de France ging ich weniger gern. Dr. Starke war sehr nett. Es waren leichte Aufgaben, die ich für ihn zu verrichten hatte. Dr. Maurer aber war mir unheimlich. Trotzdem war gerade er es, der versuchte, mit mir anzubändeln, obwohl ich bei der Arbeit, die er mir aufgab, eher versagte. Wenn er gewusst hätte, wer ich war, wäre es sicher böse für mich ausgegangen.

Dr. Maurer hatte schon damals einen Geigerzähler[144], mit dem die Radioaktivität der Organe gemessen wurde. Die Plättchen mit den Resten wurden dazu sofort ins Collège de France gebracht.

Dr. Maurer holte sie selbst ab, ich musste ihn begleiten und ihm beim Zählen behilflich sein. Ich war in Panik. Zahlen waren nie meine Stärke und es handelte sich hier um riesige Zahlenwerte. Mir wurde schwindlig und Dr. Maurer nervös. Ein Albtraum.

Gott sei Dank fanden diese Experimente selten statt, denn, wie gesagt, das Zyklotron funktionierte oft nicht, das war ganz offensichtlich Sabotage. Da aber niemand von den Deutschen etwas davon verstand, konnten sie es nicht nachweisen.

Wenn wir bis in die Nacht hinein Organe verbrannten, sang Lydia dabei russische Lieder. Mir gefiel das sehr und ich sang mit, obwohl ich den Text nicht verstand. Es handelte sich um sowjetische Partei- und Volkslieder. Der Grundstein zu meinen heute recht guten russischen Sprachkenntnissen war gelegt und somit auch für meine spätere Ehe.[145]

So vergingen Wochen und Monate. Immer öfter gab es jetzt Fliegeralarm, und es wurde täglich klarer, dass der Krieg für Deutschland verloren war.

Wachsende Bedrohung

Eines Tages, als ich mit meiner Mutter Dina und ihre Familie in ihrem Versteck aufsuchte, fanden wir dort alle in größter Aufregung und Verzweiflung.

Dina war auf die Straße gegangen, um Brot zu kaufen, und nicht zurückgekehrt. Folgendes war geschehen: Sie hatte beim Bäcker mit ihren falschen Brotmarken mehrere Baguettes für die sechsköpfige Familie geholt und dort ihre Tante getroffen, die sich mit falschen Papieren frei bewegen konnte. Dina war bereits bedient worden, und da der kleine Laden voller Menschen war, hatte sie ihrer Tante vorgeschlagen, auf der Straße auf sie zu warten.

Während sie nun mit ihren Baguettes vor dem Laden stand, kam eine Gestapostreife vorbei. Die Männer wurden sofort auf Dina aufmerksam, sie war ihnen durch die vielen Brote verdächtig. »Papiere!«, schrien sie sie an. Dina verlor ihre Beherrschung, wurde kreidebleich und fing an zu zittern. Dann ging alles sehr schnell. Ihre Tante hatte die Szene vom Laden aus beobachtet und konnte ihr nicht helfen. Sie sah, wie Dina abgeführt wurde.

Dina kam nie wieder zurück. Sie schmuggelte noch am gleichen Tag ein Stückchen Papier, auf dem stand, dass sie verhaftet worden sei und hoffe, bald aus ihrem Gefängnis freizukommen. Ich habe es selbst gesehen, weiß aber nicht mehr, wie es in die Hände ihrer verzweifelten Mutter gelangte. Dina wurde mit dem Transport Nr. 71 am 13. April 1944 nach Auschwitz deportiert.[146]

Plötzlich erhielt ich eine Vorladung zum SD[147], dem berüchtigten Sicherheitsdienst. Diese Behörde hatte sich am Place Beauveau in den Räumen des französischen Innenministeriums eingenistet.

Wir waren zu Tode erschrocken. Was konnten die von mir wollen? Die Landesgruppenleitung hatte mich, seit ich für das Schubert-Team arbeitete, in Ruhe gelassen. Wusste man, dass ich nun eine kriegswichtige Stellung gefunden hatte, oder kümmerte man sich absichtlich nicht mehr um mich? Ich habe es nie erfahren. Klopfenden Herzens erschien ich mit meiner von der NSDAP ausgestellten Kennkarte beim SD. Ich wurde dort nicht unfreundlich empfangen. Aber bei denen konnte man nie wissen. Wieder musste ich einen langen Fragebogen ausfüllen, dessen Beantwortung mir bis auf die Zeile Religion keine zu großen Schwierigkeiten bereitete. Aber auch da kam mir meine Kenntnis der nationalsozialistischen Gepflogenheiten und Ausdrucksweisen zugute.

Hitler war von Anfang an gegen die Kirche gewesen. Als er aber spürte, dass das recht unpopulär war, gab er nach und wollte niemanden daran hindern, an Gott zu glauben. Also füllte ich die Rubrik mit dem bei der SS gebräuchlichen »gottgläubig« aus.

Dann wurde ich vorgelassen. Es war mehr ein Gespräch als ein Verhör, und ich merkte bald, dass es nicht um mich selbst ging und ich nicht in Gefahr zu sein schien.

»Kennen Sie einen Herrn Lebras?«, wurde ich gefragt. »Ja, natürlich«, antwortete ich bereitwillig, »er wohnt doch im selben Haus wie ich!« »Was ist das für ein Mensch? Was wissen Sie von ihm?« »Er war immer besonders nett zu mir und meiner Mutter und stand uns nie feindselig gegenüber wie andere Mieter. Er ist Textilingenieur und sein Traum ist, wie er mir gestand, einmal die großen Textilfabriken in Sachsen zu besuchen. Darum hat er mich gebeten, ihm Deutschunterricht zu geben.« »Ach so!«, rief der SD-Mann fast erleichtert aus. »Das erklärt anscheinend die Tafel an der Wand und unter seiner Schreibtischplatte. Haben Sie ihm die gegeben?« Ich bejahte und erklärte, dass ich ihm die schweren Deklinationen der deutschen Sprache auf diese Weise beibringen wollte. Immer, wenn er am Esstisch saß, hatte er meine Tabellen vor Augen, die ihm beim Lernen helfen sollten. Und unter der Schreibtischplatte lag ein Zettel von mir, auf dem als Ermunterung in großen Buchstaben stand: »Aller Anfang ist schwer.« Meine Erklärungen schienen den Mann zu befriedigen, ich wurde ohne weiteren Kommentar entlassen. Leichteren Herzens fuhr ich schnell nach Hause, wo meine Mutter wieder einmal ungeduldig und verängstigt wartete.

Was aber war mit Lebras eigentlich los? Den wahren Grund der Hausdurchsuchung, die bei ihm stattgefunden hatte, habe ich nie erfahren. Es gibt nur zwei Erklärungen: Entweder hatte ihn jemand, der ihm schaden wollte, denunziert, oder – das scheint mir wahrscheinlicher – er war in der Résistance, und man war auf ihn aufmerksam geworden. Auf jeden Fall war er mir unendlich dankbar und lud mich zu einem feudalen Mittagessen ein.

Abschied von Hondouville

Meine Wochenenden mit Peter waren jetzt von der veränderten Lage überschattet. Es war nichts Konkretes, aber man spürte überall die Unruhe. Die Luftangriffe der Engländer wurden häufiger. Der Krieg musste bald zu Ende gehen, daran bestand kein Zweifel. Peter und ich diskutierten viel über die Zukunft. Es war klar, dass er seiner Truppe folgen würde, wenn diese eines Tages Frankreich verlassen müsste. Wo hätte er auch bleiben sollen? Wir konnten ihn nicht verstecken, man hätte ihn schnell entdeckt.

Die Trennung erschien uns beiden unerträglich. Ich sagte ihm jedoch, dass ich nicht auf ihn warten würde, dass ich ihn zwar liebe, aber nicht mehr an die große Liebe glauben könne, nachdem ich René seinetwegen verlassen hatte. Und René war doch meine große Liebe gewesen! Acht Jahre hatte ich auf ihn gewartet, aber dann war sein Bild langsam verblasst, und Peter war an seine Stelle getreten. So eine Situation wollte ich nicht noch einmal erleben.

So klammerten wir uns denn an die Hoffnung, noch zusammenbleiben zu können. Ich stand dem allerdings mit sehr gemischten Gefühlen gegenüber, denn ich wollte doch ein schnelles Kriegsende. Die Nazis sollten vernichtet, das Morden endlich beendet und die Familien wieder vereint werden, und ich wünschte mir, mein gutes Päpschen wiederzufinden. So wurde langsam aus meinem schönen Traum ein Albtraum. Aber wir versuchten, unsere Angst um die Zukunft und unseren Kummer zu verdrängen und die letzten Monate unseres Zusammenseins noch voll zu genießen.

Eines Tages versammelten wir uns nach einer Treibjagd mit den Franzosen wieder in dem kleinen Café, das dem Bürgermeister des Nachbardorfs gehörte, dem, der das zahme Wildschwein hatte. Während wir gemütlich beisammen saßen, stürzte plötzlich Fernand, der Chauffeur, herein und rief aufgeregt: »Hier sind zwei englische Fallschirmspringer heruntergegangen!«, worauf Peter automatisch aufsprang, sein Gewehr ergriff und losrennen wollte. Und ebenso automatisch rief ich ohne nachzudenken aus: »Was tust du? Gib ihnen doch eine Chance!« Peter setzte sich gehorsam hin und rührte sich nicht. Es herrschte betretenes Schweigen. Erst heute wird mir das Unwirkliche dieser Situation klar und auch, in welche Gefahr ich Peter und mich selbst gebracht hatte. Für mich gab es keinen Zweifel: Die Feinde waren für mich die Deutschen, die Befreier die Engländer. Was die Franzosen anbelangt, so waren manche heimlich in der Résistance, andere aber Kollaborateure wie der, der die Nachricht überbrachte. Nach dem Krieg waren plötzlich alle im Widerstand gewesen, auch M. Boulier, den ich nie durchschaut hatte.

Bald trennten wir uns alle. Mit Peter sprach ich nicht mehr über den Zwischenfall, aber es war mir klar, dass er gefühlsmäßig ganz auf meiner Seite stand.

Im Nachbardorf Houetteville befand sich ein merkwürdiges Schloss, das zwei Schwestern[148] gehörte. Es wirkte sehr feudal, schon durch seine Auffahrt, aber der Bau aus dem 19. Jahrhundert war nicht vollendet worden. Geldmangel war der Grund. Viele Fenster hatten keine Scheiben. Das Schloss hatte mich schon immer neugierig gemacht. Umso größer war unsere Verwunderung, als Peter und ich eine Einladung zum Tee von den Schlossherrinnen erhielten. Was hatte das wohl zu bedeuten?

Wir erschienen zur vereinbarten Stunde, Peter in Zivil. Er sah gut aus in seinem dunkelgrünen Jackett mit weißen dezenten Streifen und dem blütenweißen Hemd. Die beiden Damen empfingen uns freundlich mit Tee und Kuchen. Sie hatten im Garten einen schön gedeckten Tisch aufgestellt. Wir plauderten über belanglose Dinge, aber sie stellten viele Fragen. Ich begriff, dass sie gerne wissen wollten, wer wir eigentlich seien. Sie wussten natürlich von der Episode mit den englischen Fallschirmjägern und waren merkwürdig neugierig. Wir verbrachten einen netten Nachmittag dort und ich war froh, dass auch Peter, der »deutsche Soldat«, einen guten Eindruck hinterlassen hatte. Sie forderten uns auf, bald wieder zu kommen, aber daraus wurde dann nichts mehr. Die Zeit verging schnell bis zur Invasion der Alliierten[149]. Wir konnten aber damals nicht wissen, dass die beiden Fallschirmjäger ganz in unserer Nähe in diesem Schloss versteckt waren, während wir gemütlich am Teetisch saßen und plauderten.

Ich durfte noch ein paar Wochenenden mit Peter verleben. Sie waren anders als die unvergesslichen, die ihnen vorausgegangen waren, in denen wir uns fast sorglos gaben, als ob es keinen Krieg und keine Deportationen gäbe. Jetzt erlebten wir das Ende unseres Traums. Wir erwachten an dem Sonnabend, als wir von unserem Dorf aus den Flammenschein von Rouen[150] sehen konnten. Rouen war ungefähr 35 km von uns entfernt und an diesem Tag schwer bombardiert worden.

Schon vorher fühlte man sich auf den Straßen nicht mehr sicher vor Angriffen englischer Tiefflieger. Es herrschte Panikstimmung. Und wir wussten, dass dies mein letztes Wochenende in Hondouville sein würde.

Peter versprach, mich noch in Paris zu besuchen. Das war nicht einfach, aber es gelang ihm vor dem Rückzug der Deutschen einmal. Die kurze Episode von Hondouville ist bis heute trotz der damaligen Umstände eine meiner schönsten Erinnerungen.

Die Trennung von Peter war sehr schmerzlich. In dem Heft, das Vera mir im Sommer 1943 ins Lazarett mitgebracht hatte, gab ich meinen Gefühlen in folgendem Gedicht Ausdruck:

Jeder Stein und jeder Baum spricht mir von Dir.
Wenn ich das Fenster öffne,

So sehe ich Dich in der Landschaft stehen
oder ich höre Deinen Schritt auf dem Kiesweg.
Wo bist Du?

Manchmal möchte ich Dir entgegenlaufen,
die Treppe hinunter, durch das Tor, die Straße entlang,
aber die, denen ich begegne, sind fremd.
Du kommst nicht.

Ich könnte das Gesicht in die Erde vergraben,
über die wir zusammen gegangen sind,
oder den Kopf an die Stämme der Bäume legen,
um Ruhe zu finden.

Damals, schien da nicht ständig die Sonne
und war alles hell?
Jetzt regnet es immer und alles ist trübe,
Denn Du bist mir fern.

Noch eine Vorladung

Eines Tages in diesem letzten Sommer vor der Befreiung erhielten
Vera und ich eine Vorladung zu einer uns unbekannten Dienststelle,
Avenue d'Iéna, eine Adresse zwischen Triumphbogen und Troca-
déro. Was mochte das nun wieder bedeuten? Sicherlich nichts
Gutes.
Wir machten uns auf den Weg. Meine Mutter blieb wie immer zu
Hause und sorgte sich um uns. Das Haus, das wir betraten, war von
gediegener Eleganz und beeindruckte uns durch den überall sicht-
baren Reichtum. Dies musste ein ganz besonders wichtiges Amt
sein. Vera drückte mir die Hand, um mir Mut zu machen. Dann
wurden wir in einen großen, pompös ausgestatteten Raum geführt.
Hinter einem reich mit Goldbeschlägen verzierten Schreibtisch
hing ein überlebensgroßes Bild des Führers. Eine imposante Gestalt
in schneeweißer Uniform erhob sich bei unserem Eintritt und
stellte sich vor: »Oberstführer von Behr[151], Heil Hitler!« Was
konnte der von uns wollen? Wir sollten es schnell erfahren.
»Meine Damen«, sagte er, »Sie haben doch Beziehungen zu jüdischen Familien. Dort gibt es noch Wertsachen und Möbel, die für

uns von Interesse sind. Ich bitte Sie darum, uns die Adressen, die Ihnen bekannt sind, anzugeben.« Vera und ich sahen uns verblüfft an. Dann reagierten wir spontan und antworteten wie aus einem Mund: »Wir kennen niemand. Aber selbst wenn wir jemand kennen würden, würden wir ihn bestimmt nicht angeben. Wir sind doch keine Verräter!« Wir waren aufgebracht und uns in diesem Moment überhaupt nicht bewusst, in welche Gefahr unsere Reaktion uns gebracht hatte.

Die Reaktion des Oberstführers jedoch war völlig unerwartet. Er kam hinter seinem Schreibtisch hervor, reichte uns die Hand und sagte: »Auf Wiedersehen, meine Damen.« Und wir waren wieder auf der Straße, völlig verwirrt von dem, was wir gerade erlebt hatten.

Heute weiß ich, dass wahrscheinlich das bevorstehende Ende des Kriegs eine Rolle gespielt hat.

Das Ende

Als ich dann wie gewohnt zur Arbeit im Ortslazarett Nordbahnhof erschien, bot sich mir ein grauenhaftes Bild. Die ersten Verwundeten der Invasion waren dort eingetroffen. Es waren so viele, dass das große Krankenhaus nicht genug Platz für alle bot. In den geräumigen Sälen hatte man die Verwundeten zwischen den Betten der anderen Kranken auf den Boden gelegt. In allen Korridoren sah man neu eingelieferte Verwundete noch in ihren blutigen Uniformen. Die Situation ließ sich so schnell nicht meistern.

Während ich fassungslos dastand und das schaurige Bild betrachtete, sprach mich ein Arzt an, wahrscheinlich wegen meines weißen Kittels: »Sind Sie frei? Kommen Sie mit mir. Ich mache Visite. Sie müssen meine Angaben notieren.« Ich kannte ihn nicht. Ich hatte auch noch nie Visite mit einem Arzt gemacht. Ich notierte gehorsam seine Angaben.

Einige Eindrücke der furchtbaren Wunden, die ich dort zu sehen bekam, sind mir noch heute gegenwärtig. Ich wundere mich, wie ich das damals ertragen konnte. Drei Tage lang half ich diesem Arzt bei seinem täglichen Rundgang. In den Sälen durfte kein Fenster geöffnet werden, weil die meisten Verwundeten stark fieberten. Die

Atmosphäre war unerträglich. Am dritten Tag machte es mir schon nicht mehr so viel aus. Dann wurde ich plötzlich von der Hals-Nasen-Ohren-Abteilung angefordert. Auch dort verrichtete ich einige Tage meinen Dienst.

Wo aber war Dr. Schubert? Brauchte er mich denn nicht mehr? Ich suchte nach ihm, um Anweisungen zu erhalten. Er operierte Tag und Nacht und hielt sich nur durch starken Kaffee aufrecht. Er widmete mir ein paar Minuten. »Machen Sie sich nützlich, wo Sie können«, sagte er, ging in den Operationssaal zurück und schloss die Tür hinter sich.

Als ich mich umwandte, stand plötzlich eine Krankenschwester vor mir. Sie hielt mit der Bahre, die sie geschoben hatte, neben mir an. »Ich muss mal eben für ein paar Minuten weg«, sagte sie, »bitte, passen Sie inzwischen auf, dass er sich nicht die Infusion abreißt«, und war verschwunden. Ich blickte auf das Häufchen Unglück, das sie mir so überraschend anvertraut hatte. Es war ein blutjunger, hübscher Bursche mit großen blauen Augen, die mich fiebrig anglänzten. »Mutti!«, stöhnte er verzweifelt, »Mutti!« Man hatte ihm beide Beine bis zur Hüfte amputiert. Ich war zu Tode erschrocken. Ich wischte ihm den Schweiß von der Stirn und befeuchtete seine Lippen, ich streichelte seine verschwitzten blonden Locken und suchte nach beruhigenden Worten. Ich empfand keinen Triumph vor dem Anblick dieses Jammerbildes des »Feindes«. Nur grenzenloses Mitleid mit diesem jungen Menschen, dessen Leben auch durch Hitler zerstört worden war. Endlich, nach einer Ewigkeit, kam die Schwester zurück und nahm ihn mir ab. Wie im Schock ging ich zu meiner Abteilung zurück.

Als ich das Collège de France zum letzten Mal betrat, denn das Team rüstete sich zum Aufbruch, gab mir der Franzose, der das Zyklotron bediente, einen großen Block Stearin und überredete mich, ihn mitzunehmen: »Sie werden ihn gut gebrauchen können, um Kerzen daraus herzustellen.«

Wie Recht er hatte. Kaum begannen die Besatzungsmächte, sich zum Abzug zu rüsten, da brach ein Generalstreik[152] aus. Wir blieben ohne Wasser, ohne Gas, ohne Elektrizität und ohne Verkehrsmittel. Ich musste den weiten Weg von der Avenue de Corbéra zum Ortslazarett Nordbahnhof zu Fuß zurücklegen. Das Stearin aber leistete uns gute Dienste.

Der Streik hatte für manche Menschen tragische Folgen. So für die älteste Schwester von Masza Waisblat, der jungen Frau aus der zweiten Etage unseres Hauses. Ihre Schwester war sofort nach der Befreiung mit ihrer Schwiegertochter aus ihrem Versteck auf dem Lande in ihre Pariser Wohnung zurückgekehrt. Die beiden hatten in weiser Voraussicht Lebensmittel mitgebracht, darunter einige lebende Hühner.

Als sie sich etwas kochen wollten, gab es kein Gas, so sehr sie auch den Gashahn hin und her drehten. Also gingen sie hungrig zu Bett. Die ältere Schwester sollte aus ihrem Schlaf nicht mehr erwachen, die jüngere konnte durch Wiederbelebungsversuche gerettet werden. Die Hühner jedoch waren unversehrt geblieben.

Was war geschehen? Die beiden Frauen wussten nicht, dass es nur zu bestimmten Zeiten kurzfristig Gas gab. Sie hatten den Hahn nicht richtig zugedreht. Das Gas war ausgeströmt, während sie schliefen. Welche Tragik! Nachdem die beiden alle Gefahren überlebt hatten, ereilte sie das Schicksal auf so unerwartete Weise.

Das Forschungsprogramm war zu Ende. Und einige Tage darauf auch der Krieg für Paris. Es war am 25. August 1944, als die deutschen Truppen so schnell wie möglich die Stadt verließen.

Dr. Schubert rief mich vorher zu sich. Er überreichte mir drei Monatsgehälter, damit ich über die erste Zeit hinwegkäme, bedankte sich für meine Hilfe und fügte hinzu: »Ich mache mir um Sie keine Sorgen, Fräulein Treuherz, Sie werden es schon schaffen!«

Paris war frei! Wir waren frei! Ein Glücksgefühl, das nur der verstehen kann, der selbst unterdrückt gewesen ist. Die Amerikaner marschierten ein. Ganz Paris jubelte ihnen zu. Und wir mit ihnen. Und dann begann ein neuer Abschnitt, ein neues Leben für uns, ein neuer Anfang.

Aber ich vergesse nicht, dass ich mein Überleben in dieser schweren Zeit einigen Menschen verdanke, denen ihre Mitmenschlichkeit mehr bedeutete als ihre persönliche Sicherheit: Liebeskind, Dr. Schnitzler, Dr. Wild, meiner Maria und Dr. Schubert.

Von meinem lieben guten Vater wussten wir nichts. War er noch nach Theresienstadt deportiert worden, wie er auf der letzten Postkarte angedeutet hatte, die ich hier wiedergebe?

Meine sehr Lieben!

Ich erhielt endlich nach mehr als 6wöchiger Laufzeit Euren l. [lieben] Brief vom 21.III. mit der Anschrift vom 3.III., die mit dem vorigen Brief schon mitkommen sollte. Dieser Brief ist nun, bis jetzt nicht angekommen, und dürfte wohl verloren gegangen sein. Das wäre der erste, und man soll deswegen nicht murren. Nachdem Ihr nun meinen derzeitigen Brief[153] mit den Erklärungen über meine Krankheit erhalten habt, kann ich Euch nur noch mal versichern, dass die Sache weder einen innerlichen Ursprung noch weitere Folgen hat. Zucker habe ich nicht, also auch dieserhalb keine Besorgnis und kein Grund zur Unruhe. Das einzige ist, der Zeigefinger ist ab, und damit muss man sich abfinden. Ich bin nun soweit geheilt, dass ich nächster Tage entlassen werde, und wahrscheinlich werde ich im Anschluss daran verreisen müssen[154]. Vielleicht werde ich Euch dann nicht gleich schreiben können dann dürft Ihr Euch nicht ängstigen. Schickt also vorläufig auch keine weiteren Päckchen, ich schreibe Euch dann noch rechtzeitig. Nun habt Ihr inzwischen auch Terror-Besuch[155] gehabt, aber hoffentlich seid Ihr unbehelligt geblieben, so wie wir bisher immernoch glücklich davongekommen sind. Den restlichen Platz will ich Käte[156] lassen, die mich gerade besuchte. [unleserlich] und recht.
Liebe Grüße und Küsse Euer Päpschen

Meine Lieben, J.[157] ist recht wohl u. die Wunden tadellos verheilt. Wegen des evt. Verreisens macht Euch noch keine Sorgen, wenn überhaupt, dann kann diese Reise nicht mehr lange dauern. Fritz hat auf alle Fälle ihm alles Gepäck tadellos zurechtgemacht. Sonntag besucht ihn Fritz. Gerbers[158] hatte ich, sofort, als er ins Krankenhaus kam, das mitgeteilt, aber keiner von ihnen ist je gekommen. Else[159], wärest Du doch hier! Das Haus steht noch – ein wahres Wunder. Ich habe zum 1. 6. wieder gut vermietet.
Viele Grüße Euch Beiden. Eure Käte u. Fritz.

Ein neuer Anfang

Nun begann ein neues Leben für uns. Aber der Neuanfang erwies sich, nachdem sich die erste Euphorie über den Einmarsch der Amerikaner etwas gelegt hatte, für uns als recht schwer. Schon am ersten Tag bekamen wir zu spüren, dass durch die Befreiung noch lange nicht alle Probleme für uns gelöst waren. Wir hatten zwar nun von den Deutschen nichts mehr zu befürchten, mussten uns aber paradoxerweise vor den Franzosen verantworten. Wir hatten oft das Gefühl, verdächtigt zu werden. Warum liefen wir frei herum? Warum hatte man uns nicht deportiert? Warum hatte man uns nicht in Auschwitz vergast?

Unsere erste Reaktion war, den Sieg der Alliierten und unsere damit verbundene Befreiung zu feiern. Wir hatten eine Flasche Sekt besorgt, das Bild von René[160] mit der französischen und englischen Flagge geschmückt und wollten uns gerade erleichtert und beschwingt zuprosten, als es an der Tür klingelte. Ich öffnete. Im Halbdunkel des Flurs sah ich eine kleine gedrungene, mir unbekannte Gestalt. »Los, machen Sie sich fertig, die Jungs warten unten mit den Maschinengewehren!«, schrie sie mich an und fuchtelte mit einem Revolver vor meiner Nase herum. Ich verstand nicht, was sie von mir wollte. »Wer sind Sie und was wollen Sie?«, fragte ich erschrocken. »Los, Sie sind Kollaborateure, jetzt geht's Ihnen an den Kragen!«, rief sie. »Wir Kollaborateure?«, fragte ich ungläubig. »Wir sind doch Verfolgte! Kommen Sie herein und überzeugen Sie sich. Wir feiern gerade die Befreiung.« Sie folgte mir durch den Korridor und starrte dann verständnislos auf die Sektgläser und die Fahnen am Bild von René. Augenscheinlich begriff sie überhaupt nichts mehr. »Ich gehe nach unten zu den Jungs, aber ich komme gleich wieder«, versprach sie und verschwand schneller, als sie gekommen war. Sie kam nie wieder. Wer war sie? Irgendein überdrehtes Weibsbild aus der Nachbarschaft, das jetzt seinen Heldenmut beweisen wollte? Hatte sie beobachtet, dass uns uniformierte Deutsche besucht hatten? Jedenfalls hatte sie uns unsere Feier restlos verdorben.

Uns wurde schnell klar, dass sich die Franzosen von nun an in zwei Kategorien einstufen ließen: die Kollaborateure und die Mitglieder der Résistance. Erstaunlich, wie viele tapfere Widerstandskämpfer es jetzt plötzlich gegeben hatte! Die echten machten allerdings sehr wenig Aufhebens von sich.

Von jetzt an spielten sich manchmal recht schaurige Szenen in den Straßen ab. Man führte halb nackte junge Frauen, denen man die Köpfe geschoren hatte, auf einem Karren durch die Straßen, wo sie von einer hasserfüllten Menge beschimpft wurden. Die meisten von ihnen hatten sich nichts weiter zuschulden kommen lassen, als dass sie sich mit deutschen Soldaten eingelassen hatten, oft vielleicht aus Liebe. Um mir das vorzustellen, brauchte ich nicht viel Phantasie. Im Gegenteil, ich lebte in Angst und Sorge, dass es auch mir so ergehen könne.

Vera, die von ihren Beschützern aus der deutschen Abwehr in einem kleinen, von dieser Dienststelle beschlagnahmten Hotel untergebracht worden war, musste dieses nun sofort verlassen. Zunächst zog sie zu uns. Schon am zweiten Tag nach der Befreiung wollten Vera und ich in ihr kleines Hotel zurückgehen, wo sie noch einiges zurückgelassen hatte. Das waren Kostbarkeiten.

Wir machten uns also zu Fuß auf den Weg, denn es herrschte noch Generalstreik. Von der Avenue de Corbéra zur Rue Caumartin ist es eine lange Strecke. Schon in der Rue de Charenton, einer langen schmalen Straße, wurde es gefährlich, denn plötzlich fielen Schüsse. Woher kamen sie? Wer schoss auf wen? Die Straße schien ausgestorben. Es gab ja noch vereinzelte deutsche Soldaten, die sich hier und da versteckten. Wir flüchteten erschrocken in einen Hauseingang und warteten. Alles blieb ruhig. Nach einer Weile wagten wir uns wieder auf die Straße. Da sich nichts rührte, beschlossen wir weiterzugehen. Wir erreichten die Rue Caumartin ohne weitere Zwischenfälle. Der Empfangschef des kleinen Hotels grüßte Vera freundlich und händigte ihr den Schlüssel aus. Wir verpackten gerade Öl, Kaffee und Zucker, als es an der Tür klopfte. Auf unser »Herein« erschienen Polizeibeamte in Uniform, die uns mit auf die Wache nahmen. Also hatte der Hotelbesitzer sofort die Polizei benachrichtigt.

Es handelte sich um einfache Polizisten, die sich von uns erklären ließen, wer wir eigentlich waren und es auch glaubten. Sie waren nicht unfreundlich und entließen uns bald. Der Proviant allerdings war im Hotel zurückgeblieben. Und wir mussten den langen Weg müde, verängstigt und entmutigt zurückgehen.

Die Polizeistation, in der wir zum Glück nicht lange festgehalten worden waren, befindet sich noch heute an der Rückseite des Operngebäudes.

Doktor Petiot

Inzwischen nahm die »Entnazifizierung« ihren Lauf. In der Kaserne von Reuilly ganz in unserer Nähe war ein Offizier in dieser Hinsicht sehr aktiv. Ich ging stets klopfenden Herzens dort vorbei. Viele Leute wurden in das Lager von Drancy[161] geschickt, wo man zuvor die Juden vor dem Abtransport in die Vernichtungslager untergebracht hatte. Wie ich später erfuhr, betraf das auch meinen

Beschützer Liebeskind, für den ich in meiner damaligen Lage leider nichts tun konnte.

Und dann wurde der eifrige Offizier aus dieser Kaserne selbst verhaftet. Er kam nicht nach Drancy, sondern ins Gefängnis. Es stellte sich heraus, dass es sich um den berüchtigten Dr. Petiot[162] handelte, der selbst viele Juden umgebracht hatte, nachdem er ihnen ihre letzte Habe abgenommen hatte. Gegen hohe Bezahlung hatte er ihnen versprochen, sie sicher über die Grenze zu bringen. Viele opferten ihren Schmuck und ihre Ersparnisse. Er vereinbarte einen Treffpunkt in einer Wohnung nicht weit vom Etoile. Dort vergiftete er sie und betrachtete ihren Todeskampf durch ein Guckloch in der Tür. Die Leichen zersetzte er mit Kalk und verbrannte die Reste. Durch den furchtbaren Gestank wurde der Verdacht der Nachbarschaft geweckt. Als man ihn verhaften wollte, war es ihm gelungen, in der Kaserne unterzutauchen, wo er schließlich doch noch entdeckt wurde.

Die schwarze Brille

Vera fühlte sich bei uns zu Hause. Für uns gehörte sie einfach zur Familie. Trotzdem stritten wir uns ab und zu. Sie war aufbrausend, vergaß aber schnell wieder den Grund ihres Ärgers. Ich war eher friedfertig und hasste Auseinandersetzungen. Wenn ich mich aber geärgert hatte, war ich nachtragend und noch böse, wenn Vera schon längst alles wieder vergessen hatte. Es machte mich rasend, wenn sie in aggressivem Ton hervorbrachte: »Waaas?? Na, hör mal; na, erlaube mal!«

Eines Tages, kurz nach der Befreiung, stritten wir uns auf der Straße. Sie hatte wieder die große, auffallende, schwarze Brille auf. »Vera, nimm die Brille ab«, sagte ich auf Deutsch zu ihr, »alle Leute starren uns an.« »Ich denke gar nicht daran«, erwiderte sie und wir zankten uns laut. Jemand hatte es bemerkt. Aha, zwei Deutsche liefen hier noch frei herum. Bevor wir wussten, wie uns geschah, hielt ein großes Auto neben uns, mit bewaffneten Männern in Zivil mit Armbinden der F.F.I.[163]. Sie befahlen uns einzusteigen. Wir saßen auf dem Rücksitz, eingepfercht zwischen zwei gefährlich wirkenden Gestalten mit Maschinengewehren. Als das

Auto in den Hof des Rathauses des 11. Arrondissements einbog, bemerkte der eine: »Hier kommt man nur mit den Füßen nach vorne wieder raus.« Es lief uns kalt über den Rücken. Dann führte man uns über breite Treppen in einen großen Saal, der wohl Versammlungen diente. Rund um den riesigen dunklen Tisch saßen vielleicht zwölf Personen in Zivil, zu denen sich auch die gesellten, die uns verhaftet hatten. Wir wurden aufgefordert, uns zu setzen. Und dann begann ein Kreuzverhör, das von einem eher unscheinbaren, aber respekteinflößenden Mann geleitet wurde. Capitaine Vigne war sein Name, ein echter Résistant.

Verängstigt erklärten wir, wer wir wirklich seien, jüdische Flüchtlinge deutscher Herkunft. »Wenn ihr Juden seid, könnt ihr auch Hebräisch. Könnt ihr das beweisen?« Weder Vera noch ich hatten eine religiöse Erziehung erhalten. Die hebräischen Buchstaben konnten wir nicht lesen. Aber ich brachte den Anfang des »Shma Israel, Adonai Elohenu, Adonai echat« hervor, das ich schon mal zu Hause gehört hatte, und fuhr mit der ersten Zeile des Chanukkah-Liedes fort. Capitaine Vigne winkte ab. Es schien ihm zu genügen. Gott sei Dank, ich hätte sowieso nicht weiter gewusst. »Einer unserer Kameraden ist Jude«, sagte er und zeigte auf einen großen dunklen Mann in einem roten ärmellosen Hemd. Ich glaube, Vera stammelte auch etwas, das wie hebräisch klang. Dann wurden wir wieder entlassen. Capitaine Vigne gab uns die Hand und warnte uns, in Zukunft vorsichtiger zu sein.

Am nächsten Tag klingelte es bei uns an der Tür. Es war um die Mittagszeit. Zwei Burschen mit Handgranaten am Gürtel, die ich als Mitglieder des Verhörs wieder erkannte, luden uns zum Mittagessen ein. Meine Mutter schien nicht entzückt und wir waren es noch weniger, aber wir hatten Angst und wagten nicht, die Einladung abzulehnen.

Die beiden meinten es jedoch nicht böse mit uns, denn sie setzten Vera neben den Chauffeur, der ihr gleich seinen Revolver zum »Spielen« übergab. Mein Kavalier, ein schrecklicher pockennarbiger Typ, saß mit mir auf dem Rücksitz. Beide waren in guter Stimmung. Sie fuhren mit uns durch alle möglichen Stadtteile von Paris, hielten vor einem Bistro, dessen Besitzer ein Kumpel war, um »einen zu heben«, und wir mussten mit ihnen trinken. Wir waren halb tot vor Angst, da wir nicht wussten, was sie beabsichtigten. Als wir am

Collège de France vorbeikamen, fürchtete ich, sie wüssten von meiner Arbeit dort. In der Nähe von Fifis Büro war es dasselbe, aber sie fuhren auch dort vorbei. Die letzte Etappe führte ganz nahe am Ortslazarett Nordbahnhof, jetzt wieder Hôpital Lariboisière, vorbei und da dachte ich: »Jetzt passiert's, hier werden sie mich überführen.« Stattdessen betraten sie mit uns wieder ein Lokal, dessen Besitzer ein Freund von ihnen war, und bestellten für uns alle ein ausgiebiges Mittagessen. So gutes Fleisch hatten wir schon lange nicht mehr auf unserem Teller gehabt, aber uns war die Kehle vor Angst zugeschnürt. Wir brachten nur mit Mühe ein paar Bissen herunter. Die beiden waren schon angetrunken und bemerkten es nicht.

Beim Verlassen dieses Lokals wagte ich einzuwerfen, dass wir nun nach Hause müssten, da meine Mutter sich Sorgen mache. Tatsächlich schlugen sie die richtige Richtung ein. Vor dem Gare de Lyon, ganz in unserer Nähe, machten sie Halt und baten uns auszusteigen. Dort an der Seite war ein kleines Hotel. Das war also der geplante Abschluss unseres Ausflugs. Verzweifelt rief ich: »Ein andermal, aber jetzt ist es zu spät. Wir müssen nach Hause!« Der eine blickte auf seine Uhr. »Was, schon halb vier? Da müssen wir uns aber beeilen, wir haben noch eine Verhaftung!« Sie brachten uns schnell nach Hause und verabschiedeten sich mit den Worten: »Wir kommen morgen wieder!«

Vera und ich waren entsetzt. Waren wir jetzt den beiden Kerlen ausgeliefert? Schließlich fassten wir den Beschluss, Capitaine Vigne um Hilfe zu bitten. Wir erklärten ihm, was geschehen war, und er war außer sich: »Ich werde nicht zulassen, dass man Sie wieder belästigt, gehen Sie ruhig nach Hause.« Erleichtert traten wir den Heimweg an.

Später erfuhren wir, dass unsere beiden »Kavaliere« wegen Plünderns und anderer Delikte erschossen worden waren.

Beim Verlassen des Rathauses trafen wir den Mann mit dem roten Hemd. Er lud mich sehr höflich und liebenswürdig ein, mit ihm ins Kino zu gehen. Warum nicht? Ich hatte wenig Abwechslung dieser Art und willigte ein. Er erschien dann auch am vereinbarten Ort, nicht wiederzuerkennen. In einem eleganten dunklen Anzug machte er einen guten Eindruck. Vor Beginn des Films unterhielten wir uns angeregt, wobei er mir gestand, dass er kein einziges Wort Hebräisch verstehe.

Leider stellte sich bald heraus, dass er sich für den Film viel weniger interessierte als für mich, wieder einmal eine heikle Situation. Zum Glück fand ich die richtigen Worte: »Sie haben doch sicherlich eine Schwester? Und wenn nicht, was würden Sie von einem Mädchen halten, das sich mit einem fremden Mann einlässt? Seien Sie mir nicht böse, aber das müssen Sie doch verstehen!« Natürlich verstand er und ließ mich in Ruhe. Damit war das Kapitel der schwarzen Brille abgeschlossen.

Die Legalisierung

In den letzten Tagen mit Peter hatten die Schlossherrinnen[164] aus Houetteville, dem Nachbardorf von Hondouville, uns erneut eingeladen. Wir waren jedoch nicht mehr hingekommen. Nach der Befreiung wollte ich von ihrem Schicksal erfahren und auch von mir selbst berichten. So schrieb ich den beiden Damen einen Brief und erhielt darauf folgende Antwort[165], die ich als ein ergreifendes Zeugnis über die Ereignisse dieser unruhigen Zeit bewahre.

Am 15-1-1946

Liebes Fräulein.
Auch ich habe Sie nicht vergessen, und Ihre Nachrichten machen mir Freude.
Ja, ich kann mir vorstellen, dass Sie ein schweres, sehr unangenehmes Leben hatten, aber das ist doch nun zu Ende, nicht wahr?
Was mich betrifft, so ist es ein Wunder, dass ich noch am Leben bin! Ich habe in den Wochen, die der Befreiung vorausgingen, Fürchterliches erlebt. Ich bin hier durch Irgendjemanden bei den Boches [den deutschen Besatzern] denunziert worden und wenn die Amerikaner drei Stunden später gekommen wären, hätten die Kanonen, die auf mein Haus gerichtet waren, alle und alles vernichtet.
Meine arme Schwester, die schon durch ihre Gefangenschaft in Deutschland geschwächt war, konnte all das, was sie auf mich zukommen sah, nicht mehr ertragen. Sie ist gestorben! Aus Gram.
Dieser Tod ist ein schwerer Schlag für mich, zwar gestehe ich zum Leiden zu neigen, aber diese Neigung macht mich sehr reizbar, ich habe schweren Kummer.
Und dann gibt es ja so vieles, was nach meinem Empfinden nicht in Ordnung ist, zum Glück wird meine Tatkraft nicht nachlassen, glauben Sie es mir. –

Es würde mich sehr freuen, Sie wiederzusehen, um mit Ihnen die tragischen Stunden dieser letzten Zeit ins Gedächtnis zu rufen, als Sie in meiner Nähe waren, aber das wird wohl erst im Sommer möglich sein. Die rächenden Leidenschaften, die das Land noch spalten, sind noch zu lebendig.

Lassen Sie von sich hören, ich bitte Sie darum, ich werde Ihnen antworten.

Ihrer Mutter und Ihren Freunden geht es hoffentlich gut, übermitteln Sie ihr meine Grüße und seien Sie, liebes Fräulein, meiner großen Sympathie versichert.

A. Pellerine

Es gab kein Wiedersehen. Denn etwas später teilte mir eine Freundin von Madame Pellerine mit, dass sie auf offener Landstraße erschossen worden sei. Wusste Madame Pellerine zu viel über die Kollaborateure? Die Nachricht erschütterte mich sehr, ich erfuhr jedoch nie irgendwelche Einzelheiten.

Das Wichtigste für uns war, anständige Papiere zu bekommen, die uns zum Aufenthalt in Frankreich berechtigten. Also begab ich mich auf das Polizeipräsidium, die Préfecture de Police. Dort wurde man zunächst an einen Schalter geführt, hinter dem ein Beamter in einer Kartei nachschaute. Mir wurde befohlen zu warten. Dann kam er heraus und führte mich in ein anderes Gebäude. Ich las: »Escalier E, Éloignement« (Treppe E, Ausweisung). Er führte mich in die fünfte Etage, wo ich prompt in einen großen Raum gesperrt wurde. Dort befanden sich bereits verschiedene Menschen. Nach und nach wurde mir klar, dass ich verhaftet war, denn die anderen sprachen davon, dass sie die Nacht im »Dépôt« verbracht hätten und vielleicht eine weitere Nacht dort verbringen würden. Mir wurde angst und bange. Es handelte sich um Taschendiebe und Prostituierte, aber auch ein jüdisches Ehepaar war dabei. Ich musste auf die Toilette. Ein Polizeibeamter begleitete mich und wartete vor der Tür. War ich denn ein Verbrecher? Was warf man mir vor? Was hatte ich mir zuschulden kommen lassen? Was würde mit mir geschehen? Wie konnte ich meine Mutter benachrichtigen?

Es war inzwischen Abend geworden. Die Tür des Raumes wurde geöffnet. Einige wurden abgeführt, andere freigelassen. Mir übergab man ein Papier mit der Aufforderung, am nächsten Tag wieder zu kommen. Also konnte ich wenigstens zu meiner Mutter nach

Hause gehen. Es folgten ein paar unerfreuliche Tage, an denen ich mich wie einige andere auch auf dem Amt zu melden hatte. Wir wurden an einer Wand aufgestellt, es war wirklich beängstigend, und wir zitterten, dass man uns ausweisen würde. Aus meiner Sicht war Frankreich doch ein »Terre d'Asyle«.

Viele Jahre sind vergangen, und in meiner Erinnerung verwischt sich heute der chronologische Ablauf der Ereignisse ein bisschen. Irgendwie bekam ich ein Schreiben, das mir zunächst als Ausweis diente, bis man mich eines Tages wieder vorlud, um mich auf »Herz und Nieren« zu prüfen. Vorher war aber ein Mann in Zivil bei uns erschienen, der behauptete, von der Polizeipräfektur geschickt worden zu sein, und mich über alles Mögliche ausfragte. Ich traute ihm nicht und sagte es ihm auf den Kopf zu und fügte hinzu: »Und was haben Sie während der Besatzungszeit gemacht? Ich weiß gar nicht, wer Sie sind, und will es auch gar nicht wissen, aber warum soll ich Ihnen vertrauen?« Da ging er.

Auf der Polizeipräfektur wurde ich diesmal von einem Beamten höflich empfangen. Auf seinem Schreibtisch lag eine dicke Akte, die, wie sich herausstellte, alle nur möglichen Informationen über mich enthielt. Die schienen mehr über mich zu wissen als ich selbst. Mein Erstaunen stieg ins Grenzenlose, als er plötzlich beim Blättern in der Akte beiläufig fallen ließ: »Also, Sie haben da diese englischen Fallschirmjäger gerettet.« Woher konnte er das wissen? Hondouville ist ein kleiner Ort in der Normandie, den niemand kennt. Alle Achtung vor dem französischen Geheimdienst! Dann fügte er noch hinzu: »Ja, da ist auch die Aussage von Herrn Sudowicz, der viel Gutes über Sie berichtet hat und dessen Familie Sie geholfen haben.« Er wusste einfach alles. Natürlich versäumte ich die Gelegenheit nicht, ihm klarzumachen, dass ich durch meine Mutter französischer Abstammung sei und gerne in Frankreich bleiben würde. Aber dafür war es noch zu früh.

Er gab mir einen Ausweis, der sechs Monate gültig war. Eine Arbeitserlaubnis hatte ich immer noch nicht, aber einen Verdienst musste ich doch unbedingt finden.

Auf der Polizeistation

Einige Zeit nach dem Vorfall im Rathaus des 11. Arrondissements wurden Vera und ich von zwei Beamten unserer Polizeistation abgeholt. Dort angekommen, sperrten sie uns in eine Zelle, die zur vorübergehenden Verwahrung von Festgenommenen diente. Uns wurde immer unbehaglicher zumute. Was sollten wir jetzt wieder verbrochen haben? Nach einer kurzen Weile, die uns jedoch endlos erschien, rief der Polizeikommissar Vera zu sich. Ich hatte schreckliche Angst. Als sie zurückkam, schien sie recht vergnügt. Ich besinne mich nicht mehr, ob ich auch verhört wurde. Auf jeden Fall waren wir beide frei.

Die Stimmung war entspannt. Vera hatte dem Kommissar anscheinend so gut gefallen, dass er vergaß, warum wir vorgeladen worden waren. Deshalb fragte ich einen der Beamten nach dem Grund. Die Antwort war: »Wissen Sie, wir bekommen da manchmal so einen Zettel von ›wohlwollenden‹ Nachbarn zugesteckt. Dann müssen wir der Sache nachgehen.« Und plötzlich sagte er: »Haben Sie eine Schreibmaschine?« Als ich ja sagte, fragte er, ob ich ihm einen kleinen Dienst erweisen wolle, sie hätten so viel Arbeit auf dem Kommissariat, er benötige eine Anzahl Formulare, die zu tippen er keine Zeit habe.

Anstatt eingesperrt zu werden, verließen wir also die Polizeistation mit Arbeit für mich. Als ich diese ablieferte, luden der Beamte und sein Kollege Vera und mich zum Dank zum Essen ein. Sie mussten schnell einsehen, dass sie von uns nichts weiter zu erwarten hatten. Dieser kleine Zwischenfall zeigt, welche Verwirrung zu dieser Zeit in Frankreich herrschte.

Vera schafft wieder mal Beziehungen

Meine Mutter hatte inzwischen angefangen, gemeinsam mit einer Freundin Buttercremetorten zu backen. Die Butter besorgten sie sich auf dem Schwarzmarkt. Die Torten waren vorzüglich. Vera, die bereits Routine im »Hausieren« hatte, bot die Torten in verschiedenen Cafés an. Vor dem Krieg hatte sie in Filmateliers, wo sie manchmal kleinere Rollen spielen durfte, mit Krawatten gehandelt. Die Torten verkauften sich gut. Es war nur ein kleiner Verdienst, denn die Zutaten mussten beschafft und der Erlös zu dritt geteilt werden. Wir konnten jedoch nicht wählerisch sein.

In einem der Cafés, die unsere Buttercremetorten bestellten, kannte Vera den Besitzer persönlich und schilderte ihm unsere Schwierigkeiten. Auch von mir und meinem Vater, von dem wir nichts wussten, erzählte sie, und dass ich keine Arbeitserlaubnis hatte. Der Mann, ein echter Résistant, hatte weitreichende Beziehungen und erklärte sich sofort bereit, mir zu helfen. Er verwies mich an eine hohe Persönlichkeit[166], die im Widerstand viel geleistet hatte. So erhielt ich schließlich einen normalen Ausweis und Arbeitspapiere, einen Ausweis, in welchem als Nationalität »Refugiée provenant d'Allemagne« vermerkt war.

Und dann bekam ich durch ihn sogar Arbeit. Bei einem Baron de L.[167], der in Neuilly, einem eleganten Vorort von Paris, mit seiner Frau und seinen Kindern eine Villa besaß. Er hatte ein Buch geschrieben, das ich abtippen sollte.

Endlich Ruhe bei den Behörden

Nachdem es auch Vera gelungen war, ihre Papiere in Ordnung zu bringen, hatte sie ein möbliertes Zimmer bezogen. Sie stellte jetzt kleine Gegenstände aus Keramik her, die sie zu verkaufen suchte.

Mein neuer Ausweis musste nach sechs Monaten verlängert werden. Ich ging also wieder zum Amt und traf dort auf denselben Mann am Schalter wie beim ersten Mal. Wieder suchte er nach meiner Karteikarte und forderte mich dann auf, ihm zu folgen. Er führte mich in die berüchtigte fünfte Etage, wo ich erneut eingesperrt wurde. Was hatte das zu bedeuten? Meine Papiere waren doch in Ordnung, ich hatte Arbeit, irgendwann hatte ich sogar die deutsche Staatsangehörigkeit abgelegt. Was wollten die noch von mir? Ich war diesmal weniger in Panik als wütend. Nach ein paar Stunden überreichte man mir meinen verlängerten Ausweis ohne ein Wort der Erklärung oder Entschuldigung. Dieser Vorfall hat sich später noch zweimal wiederholt, als der Ausweis verlängert werden musste.

Schließlich, es muss schon 1947 gewesen sein, ich arbeitete längst bei einer Exportfirma als Auslandskorrespondentin, ließ ich es mir nicht mehr gefallen. Als der Mann hinter dem Schalter hervorkam und »Suivez-moi« sagte, antwortete ich energisch: »Nein, diesmal folge ich Ihnen nicht. Ich kenne das Szenario: Fünfte Etage, ein paar Stunden Haft und dann kriege ich meinen verlängerten Ausweis ohne Erklärung zurück. Das mache ich nicht mehr mit!« Er guckte mich verblüfft an. »Ich muss Sie aber dorthin führen«, sagte er. »Ich will Ihren Vorgesetzten sprechen«, insistierte ich energisch, »ich arbeite und kann nicht stundenlang fortbleiben. Jetzt ist Mittagszeit, ich muss zurück ins Büro!« Er sah, dass ich mich nicht abweisen ließ. Nach ein paar Minuten empfing mich ein Beamter, der den Fall prüfte. Dann sagte er: »Die haben vergessen, die Opposition zu entfernen.« Und zerriss vor meinen Augen die Karteikarte mit meinem Namen, auf der in großen Buchstaben OPPOSITION noch aus der Zeit vermerkt war, als die Franzosen nach Abzug der Deutschen wieder von der Polizeipräfektur Besitz ergriffen hatten und mein Fall noch nicht geklärt war. Wenn ich nicht so reagiert hätte, hätte man mich bei jedem Besuch wieder verhaftet.

Ein Besuch

Eines Nachmittags, es muss wohl kurz vor meiner Anstellung beim Baron de L. gewesen sein, klingelte es. Als ich öffnete, erschrak ich sehr. Vor mir stand eine stattliche junge Frau in einer dunklen Uniform. Uniformen hatten für mich bisher nichts Gutes bedeutet. »Vous désirez?«, brachte ich hervor. Im Halbdunkeln konnte ich ihre Gesichtszüge nicht erkennen. »Mon petit lapin bleu, tu ne me reconnais pas? Mein kleines blaues Kaninchen, erkennst du mich denn nicht?«, rief sie aus. »Loulou!«, schrie ich, dann fielen wir uns in die Arme und drückten uns fest, »Loulou, wie kommst du denn hierher?«
Natürlich konnte ich sie nicht erkennen, ich hatte sie ja noch nie gesehen und doch waren wir seit 1932 gute Freundinnen. Loulou[168] war meine französische Brieffreundin vom Bismarck-Oberlyzeum. Die anderen Schülerinnen hatten nach ein paar Briefen die Korres-

Die Autorin am Ufer der Seine in Paris, 1946 (aus dem Archiv der Autorin).

pondenz aus Mangel an Interesse beendet. Wir aber schrieben uns seit dieser Zeit regelmäßig.

Loulou hatte ein Stipendium für das Lyzeum gehabt, denn sie stammte aus armen Verhältnissen. Deshalb konnte sie es sich auch nicht leisten, mich in Paris zu besuchen, als wir dorthin kamen. Die Fahrkarte war zu teuer. Jetzt aber war sie in die französische Luftwaffe an der Ecole Militaire in Paris eingetreten. Daher die dunkelblaue Uniform. Diesmal brauchte ich wirklich keine Angst vor der Uniform zu haben. Meine Mutter schloss Loulou sofort in ihr Herz. Bis heute sind Loulou und ich eng verbunden. Ich besuche sie jeden Sommer und auch sie kommt ab und zu nach Paris.

Warten auf Päpschen

In dieser ganzen Zeit nach der Befreiung hofften wir verzweifelt, dass Päpschen vielleicht durch ein Wunder vom Gastod verschont geblieben sei. Es kamen ja immer wieder einige Leute zurück. Besonders aus Theresienstadt.

Wir wandten uns an verschiedene Organisationen, man teilte uns schließlich Datum und Transportnummer seiner Deportation von Berlin nach Theresienstadt[169] und von dort nach Auschwitz[170] mit, aber nie etwas über sein weiteres Schicksal. So hofften wir noch, entgegen aller Vernunft, mehrere Jahre lang. Vielleicht war das leichter als ein plötzlicher, endgültiger Bescheid.

Erst viel später wurde uns klar: Auch unser lieber guter Vater war in Auschwitz ermordet worden. Verwinden konnten wir es nie!

Anmerkungen

Der Text der Autorin wurde von Otto Grüter mit Anmerkungen versehen.

1 Julius Treuherz (1885–1944), Vater der Autorin, auch Päpschen oder Paps genannt.
2 Else Treuherz, geb. Gerber (1885–1965), Mutter der Autorin, auch Horn oder Hörnchen genannt.
3 Die Autorin Helga Treuherz wird am 19.2.1920 in Steglitz bei Berlin geboren. Damals war Steglitz noch nicht nach Berlin eingemeindet.
4 (Erster) Weltkrieg 1914–1918.
5 Fritz Treuherz (1922–1989), überlebt die Judenverfolgung in Berlin, wird mehrfach verhaftet, so bei der »Fabrik-Aktion Rosenstraße« im Februar 1943.
6 Paul Treuherz (ca. 1880 – ca. 1959), Onkel der Autorin, Vater des Vetters Fritz.
7 Ida Treuherz, geb. Heidemann (gest. 1932), Großmutter der Autorin.
8 Carmerstraße 1, Berlin-Charlottenburg.
9 Nathan Treuherz (gest. ca. 1914), Großvater der Autorin.
10 Firma Treuherz & Fuß.
11 Posamenten: Textilien zum Verzieren von Polstermöbeln, Trachten, Uniformen usw.
12 Firma J. Treuherz & Curth OHG, Sozius: Friedrich Curth, Mitinhaberin: Anna Curth.
13 Göttinger Straße 2, Berlin-Steglitz.
14 Bismarck-Oberlyzeum, Berlin-Steglitz, Sachsenwaldstraße 20–21.
15 Louise Chambon, genannt Loulou (geb. 1920).
16 *Der Stürmer*, antisemitische Wochenzeitung, Herausgeber: Julius Streicher, Nürnberg.
17 Detmolder Straße 57, Berlin-Wilmersdorf.
18 BDM: Bund Deutscher Mädel, Gliederung der NS-Jugendorganisation »Hitlerjugend«.
19 Sozius Friedrich Curth (Anmerkung 12).
20 Der Auseinandersetzungsvertrag wurde am 1.Mai 1936 geschlossen.
21 *Völkischer Beobachter*, seit 1920 NS-Wochenzeitung.

22 Erbfeind: In Deutschland im 16. und 17. Jahrhundert auf Türken ange-
wandt, seit Ende des 18. Jahrhunderts auf Franzosen übertragen.
Marseillaise: erstmals 1795 und endgültig seit 1870 die französische Na-
tionalhymne mit dem Refrain: »Aux armes, citoyens. Formez vos batail-
lons. Marchons, marchons! Qu'un sang impur abreuve nos sillons!«
Deutsch: »Zu den Waffen, Bürger, schließt die Reihen, vorwärts, marschieren wir! Das unreine Blut tränke unserer Äcker Furchen!«

23 Flak: Abkürzung für Flugabwehrkanone.

24 Rassenschande: Gemäß Blutschutzgesetz der Nürnberger Gesetze vom
15. 9. 1935 gilt: *§ 2 Außerehelicher Verkehr zwischen Juden und Staatsange-
hörigen deutschen oder artverwandten Blutes ist verboten. § 5 (2) Der Mann,
der dem Verbot des § 2 zuwiderhandelt, wird mit Gefängnis oder mit Zucht-
haus bestraft.*

25 Erich Johann Dörr (geb. 1862) schreibt u. a. den Roman *Im Anfang war
der Durst!* Verlag für natürliche Religion, Wilmersdorf 1933.

26 Dr. jur. Wilhelm Frick (1877–1946, hingerichtet), 1930 in Thüringen
erster Minister aus den Reihen der NSDAP, 1933–1943 Reichsinnen-
minister.

27 Stike: jiddisches Wort für ruhig.

28 Karl Gerber, Onkel der Autorin, und seine Frau Dora betreiben in Berlin in der Nähe der Warschauer Brücke ein Fischgeschäft.

29 Célestin Benoît Gerber (1858 – ca. 1892), Großvater der Autorin.

30 Emma Gerber, geb. Probstmeier (gest. ca. 1889), Großmutter der Autorin.

31 Die fünf Geschwister Gerber: Agathe, Käthe, Else (Anmerkung 2), Karl
(Anmerkung 28) und Hugo.

32 Französischer Pass Nᵒ 5723, ausgestellt in Berlin am 21. 7. 1938 mit
dem Ablaufdatum 21. 7. 1939.

33 Fred Goldberg, Graphiker, Berlin-Charlottenburg, Philippistraße 11.

34 Am 30. April 1938 bescheinigt Goldberg der Autorin die erfolgreiche
Ausbildung zur Graphikerin in der Zeit vom 1. 5. 1936 bis 30. 4. 1938.

35 Käte Treuherz, geb. Bos, geschieden von Paul Treuherz (Anmerkung 6),
später in zweiter Ehe verheiratet mit Richard Kohlmann.

36 Detmolder Straße 57 (Anmerkung 17).

37 Kristallnacht: Pogrom, in der Nacht vom 9. auf den 10. November 1938
von Goebbels inszenierte »spontane« Gewalttaten gegen Juden, deren
Geschäfte und jüdische Einrichtungen.

38 Sonntag nach der »Kristallnacht«, 13. November 1938.

39 In den deutschen Pass von Helga Treuherz, ausgestellt am 20. 10. 1938
mit rotem J, wird am 17. 11. 1938 ein französisches Visum eingetragen,
gültig vom 30.11. bis 30. 12. 1938. Das J wurde gemäß der *Verordnung
über Reisepässe von Juden vom 5. 10. 1938* eingestempelt. Helga Treuherz
galt nach der *Ersten Durchführungsverordnung vom 14. 11. 1935 zum
Reichsbürgergesetz der Nürnberger Gesetze vom 15. 9. 1935* als Jüdin

(Mischling 1. Grades, die der jüdischen Religionsgemeinschaft angehört).

40 Großmutter Ida Treuherz (Anmerkung 7).

41 Käte Treuherz (Anmerkung 35).

42 AEG: Allgemeine Elektricitäts-Gesellschaft, 1883 von Emil Rathenau gegründet.

43 Konrad Kohlmann, Berlin-Wilmersdorf, Deidesheimer Straße. Lebensgefährtin: Lizzi Rosenberg.

44 Richard Kohlmann (Anmerkung 35), Bruder von Konrad Kohlmann (Anmerkung 43), begeht in Gestapohaft Selbstmord.

45 Vetter Julius Joachimsthal. Dessen arische Frau verlässt ihn zusammen mit beiden Töchtern. Er wandert später nach Shanghai aus, erblindet, handelt mit Streichhölzern und wird schließlich nach Kalifornien gerettet.

46 René Rosenberg alias René Leslie Saville (geb. ca. 1913). Er schreibt Kriminalromane: »Ein Toter bietet Schachmatt« Verlag Goldmann, Berlin 1933, »Nebel des Todes« 1934, »New York 11 Uhr nachts« 1934, »Mitternacht« 1935, jeweils Verlag Auffenberg Berlin.

47 Reichsverband der Automobilindustrie RDA, gegründet 1901.

48 Rassenschande (Anmerkung 24).

49 Die amerikanische Nachrichtenagentur Associated Press AP ist bis 1941 in Berlin tätig.

50 General Erich Ludendorff (1865–1937), im Weltkrieg Generalstabschef unter Hindenburg, Antisemit, Befürworter eines »germanisch-völkischen« Kultes.

51 Am 22.11.1938 wird der Umtausch von RM 9,85 in ffrs. 150,00 in den Pass (Anmerkung 39) der Autorin eingetragen.

52 Gestapo: Geheime Staatspolizei, politische Polizeiorganisation der SS.

53 Das Besuchervisum der Autorin erlaubt keine frühere Einreise (Anmerkung 39).

54 Die vier Brüder Treuherz: Erich Ephraim, Siegbert Salomon, Julius Joseph (Anmerkung 1), Paul Pincus (Anmerkung 6).

55 Erich Treuherz (ca. 1880–1942), Anmerkung 54, verheiratet mit der Bremerhavener Pastorentochter Jenny. Bis 1933 wohnen beide in Köln, Zülpicher Straße.

56 Am 17.7.1936 beginnt der Spanische Bürgerkrieg (1936–1939).

57 Am 4.7.1937 verübt Emídio Santana (1906–1988) aus der Arbeiterbewegung ein erfolgloses Attentat auf den portugiesischen Ministerpräsidenten António de Oliveira Salazar (1889–1970).

58 4, Rue Laplace, Paris 5e.

59 Joint: Kurzform für »American Joint Distribution Committee«, eine 1914 gegründete jüdische Hilfsorganisation aus den USA.

60 Die Wohnanlage mit dem Haus 3, Avenue de Corbéra, Paris 12e, war im Sinne reformbewussten Bauens 1928 von Eduard Lambla de Serrá errichtet worden.

61 St.-Etienne-du-Mont.

62 Hede Ohnstein, mit ihrem jüdischen Mann aus Berlin nach Paris geflohen, lebt verwitwet als Emigrantin in Boulogne.

63 Lou Albert-Las[z]ard (1891–1969), während des Ersten Weltkrieges mit
Rainer Maria Rilke befreundet, Malerin und Porträtistin Rilkes.

64 André Le Troquer (1884–1963), sozialistischer Abgeordneter (1936 bis
1958) in Paris, auch Parlamentspräsident und Minister.

65 Familie Waisblat, polnisch-jüdische Familie, Nachbarn in der Avenue
de Corbéra. Mutter Masza, zwei kleine Jungen, der Vater wurde schon
frühzeitig deportiert.

66 Familie Sudowicz, polnisch-jüdische Familie aus Leipzig, Nachbarn in
der Avenue de Corbéra.

67 René (Anmerkung 46).

68 Am 29. 8. 1911 heirateten Julius Treuherz und Else Gerber.

69 Gemeint sind seine Tochter Helga, die Autorin, und sein Bruder Erich
Treuherz (Anmerkung 55).

70 R.: Der Verlobte der Autorin, René Rosenberg (Anmerkung 46).

71 Der in den Jahren 1929 bis 1932 unter dem Kriegsminister André
Maginot (1877–1932) an der Grenze zu Deutschland angelegte Fes-
tungsgürtel.

72 Am 10. 5. 1940 werden auch Frauen mit deutschem Pass interniert.

73 Am 16. 7. 1942 findet die große Judenrazzia statt, an der sich auch die
französische Polizei beteiligt.

74 Vera Levin, genannt Laroche (geb. 1912), Jüdin, lebt heute in Kalifornien.

75 Oloron-Sainte-Marie im Departement Basses-Pyrénées, 25 km nördlich
der spanischen Grenze.

76 Dita Parlo (1906–1971), deutsche Filmschauspielerin, wirkt häufig in
französischen Filmen mit, so 1937 in *La Grande Illusion* unter der Regie
von Jean Renoir mit Jean Gabin, Pierre Fresnay, Erich von Stroheim.

77 Deutsch-französischer Waffenstillstand vom 22. 6. 1940.

78 Der erste Entlassungsschein der Autorin trägt das Datum 22. 6. 1940.

79 Der Waffenstillstandsvertrag sieht die Inspektion der Internierungslager
durch eine deutsche Kommission vor, um beispielsweise politische
Flüchtlinge aufzuspüren.

80 Lou Albert-Lasard (Anmerkung 63).

81 Hede Ohnstein (Anmerkung 62).

82 Der endgültige Entlassungsschein trägt das Datum 12. 8. 1940.

83 Siegbert Treuherz (ca. 1882 – ca. 1915) (Anmerkung 54), heiratet 1912
ohne Wissen der Eltern. Während seine jüdische Frau mit dem zweiten
Sohn schwanger ist, fällt er im Weltkrieg. Erst dann erfährt die übrige
Familie Treuherz von den Enkeln, die beide in den dreißiger Jahren
nach Palästina auswandern und später in Israel – unter dem Namen
Toha – als Chefpilot bzw. Technischer Leiter der Fluggesellschaft El Al
bekannt werden.

84 Erich Lipschütz (geb. 1884 in Berlin) wurde 1943 mit dem Transport 59 über Drancy nach Auschwitz deportiert.

85 Eine sehr eindrucksvolle Schilderung der Zustände in und um Paris im Mai und Juni 1940 findet sich in den Briefen vom 14. und 15. 8. 1940 von Helmuth James von Moltke: Briefe an Freya 1939–1945. München 1988.

86 WWJ, wehrwirtschaftlich wertvoller Jude: NS-Bezeichnung für arbeitsfähige, zur Zwangsarbeit verpflichtete Juden.

87 Der Feuerwehr-Offizier, Paulas Arbeitgeber, bewohnte eine Dienstwohnung in der großen Feuerwache im 17. Arrondissement, Ecke Boulevard de l'Yser/Rue Claude Debussy.

88 Großvater Nathan Treuherz (Anmerkung 9).

89 Eine Kennkarte der NSDAP erweckt den Anschein, als ob der Inhaber eine wichtige Funktion inne hat.

90 Liebeskind (geb. ca. 1895), Sachbearbeiter bei der Landesgruppe Frankreich der Auslandsorganisation der NSDAP in Paris, verheiratet mit einer Holländerin, lebt vermutlich schon vor der Besetzung als Mitglied der NSDAP in Paris, wird nach der Befreiung in Drancy interniert.

91 Wegen des günstigen Wechselkurses von 20 ffrs. für eine Reichsmark können deutsche Besatzungssoldaten in Frankreich alles Erreichbare kaufen.

92 Les-Vaux-de-Cernay im Departement Yvelines, 35 km südwestlich von Paris. Die Bahnstation heißt Les Essarts le Roi.

93 Hôpital Quinze-Vingt, 28, Rue de Charenton, Augenklinik.

94 Hôpital Rothschild, 33, Boulevard Picpus.

95 Fleury-en-Bière im Departement Seine-et-Marne, 45 km südlich von Paris.

96 Rassenschande (Anmerkung 24).

97 Orry-la-Ville – Coye-la-Forêt im Departement Oise, 33 km nordöstlich von Paris.

98 Fort du Mont Valérien: Festung in Suresnes westlich von Paris, von den deutschen Besatzern zur Erschießung von mehreren tausend Geiseln genutzt, heute Gedenkstätte.

99 Rueil-Malmaison, westlicher Vorort von Paris im Departement Seineet-Oise.

100 Bereits am 23. 8. 1941 machte der Militärbefehlshaber in Frankreich, General Otto von Stülpnagel (1878–1948; Suizid), hier vertreten durch Generalleutnant Ernst Schaumburg (1880–1947), Kommandant von Groß-Paris, in der Pariser Zeitung bekannt: *Am Morgen des 21. August 1941 ist in Paris ein deutscher Wehrmachtsangehöriger einem Mordanschlag zum Opfer gefallen. Ich bestimme daher: 1.) Sämtliche von deutschen Dienststellen oder für deutsche Dienststellen in Frankreich in Haft irgend einer Art gehaltenen Franzosen gelten vom 23. August ab als Geiseln. 2.) Von diesen*

Geiseln wird bei jedem weiteren Anlaß eine der Schwere der Straftat entspre-
chende Anzahl erschossen werden. (Ahlrich Meyer: Die deutsche Besatzung in Frankreich 1940–1944. Darmstadt 2000, S. 60)

101 Vera (Anmerkung 74).

102 Litzmannstadt, die von den Nazis umbenannte polnische Stadt Lodz.

103 Seit Ende Mai 1942 ist auch in Frankreich für Juden das Tragen der
Judensterne vorgeschrieben.

104 Fiedler: Deutscher Kaufmann, in dubiosen Beschaffungshandel für die
Wehrmacht verwickelt. Ähnliche Aktivitäten von Alfred Carl Toepfer
(1894–1993) in: Lionel Boissou: Les activités du »Bureau d'achat du
capitaine Toepfer et Stahlberg & Cie« (Stefan Martens, Maurice
Vaïsse, Hg.: Frankreich und Deutschland im Krieg. November 1942 –
Herbst 1944. Pariser Historische Studien. Band 55. Bonn 2000,
Ss. 277/295).

105 Dr. jur. Christoph Graf Dönhoff (1906–1992), Bruder der Journalistin
Marion Gräfin Dönhoff (1909–2002). Am 1. 8. 1935 Eintritt in die
NSDAP, Mitgliedsnummer 2 595 147, lebt damals in Kenia. Seit 1940
Kolonialreferat der Auslandsorganisation (AO) der NSDAP in Berlin,
seit 1942 Länderamt II der AO, seit Mai 1942 Landesgruppe Frankreich der AO in Paris, Leiter des Rechtsamts, u. a. für Erfassung und
Rückführung Reichsdeutscher zuständig. Mitarbeiter der Gestapo. Am
30. 6. 1944 Eintritt in die Waffen-SS. – Einer der vielen NS-Funktio-
näre, die unbehelligt bleiben. – Von 1946 bis 1965 schreibt er mehr als
hundert Artikel in der Wochenzeitung DIE ZEIT. Nach Aufenthalten
in Südafrika ist er zuletzt von 1966 bis 1973 Kammerdirektor der
Fürstlich Hatzfeldt'schen Verwaltung.

106 Im Februar 1942 wird für deutsche Zivilpersonen im besetzten Frankreich eine strenge Meldepflicht eingeführt. Mit dem Schreiben *Der Mi-*
litärbefehlshaber in Frankreich Br. B B Nr. S pol II pol 2-255a, Paris am
20. März 1943 (unterzeichnet von Carl Heinrich von Stülpnagel (1886
bis 1944; hingerichtet), beglaubigt von einem SS-Hauptsturmführer!)
werden ergänzende Bestimmungen zur Aufenthaltserlaubnis von Zivilpersonen im besetzten Frankreich veröffentlicht. Man hatte übersehen,
dass es Deutsche gab, die seit längerer Zeit dort lebten. Nun heißt es
u. a.: *(Aufenthaltserlaubnis): Reichsdeutschen Zivilpersonen, die schon vor dem*
Kriege ihren Wohnsitz im besetzten Frankreich hatten, ist die weitere Aufent-
haltserlaubnis in der Regel nur dann zu versagen, wenn ihr Verbleib aus be-
sonderen Gründen (sicherheitspolizeilicher oder abwehrmässiger Art oder we-
gen eines das deutsche Ansehen schädigenden Verhaltens) unerwünscht ist. In
Zweifelsfällen ist die Stellungnahme der Auslandsorganisation der NSDAP
einzuholen. Aufgrund dieser Verordnung maßt sich Dönhoff nun die Be-
fugnis an, die Autorin und deren Mutter Else Treuherz, deren französische Staatsangehörigkeit er einfach bestreitet, als *unerwünscht* nach Berlin zurückzuschicken.

107 Dr. med. Georg Wild (geb. 1910), Zahnarzt aus Regensburg, 1943 im Sanitätsdienst am Ortslazarett Nordbahnhof, Paris.

108 Hôpital Lariboisière: 2, Rue Ambroise Paré, Paris.

109 Dr. med. Schnitzler, deutscher Arzt, 1943 im Sanitätsdienst am Ortslazarett Suresnes.

110 Hôpital Foch: 40, Rue Worth, Suresnes.

111 Prof. Dr. med. Heinz Kirchhoff (1905–1997), aus Lübeck, Chirurg, 1943 im Sanitätsdienst als Oberstabsarzt und Abteilungsarzt am Ortslazarett Suresnes, später Professor für Gynäkologie an der Universität Göttingen.

112 Blitzmädchen (Blitzmädel): Üblicher Name für Nachrichtenhelferinnen, zum Kriegsdienst eingezogene junge deutsche Frauen.

113 Am 17. 9. 1942 zündet die Gruppe Valmy, eine militärische Formation der KPF (Kommunistische Partei Frankreichs), vor dem für Wehrmachtsangehörige reservierten Cinema Rex eine Bombe mit der Folge von 16 Toten und Verletzten.

114 Dr. med. Gerhard Schubert (1907–1964), Privatdozent aus Göttingen, 1943–1944 im Sanitätsdienst als Stabsarzt am Ortslazarett Nordbahnhof, Paris, zugleich selbständige Forschungstätigkeit am Collège de France, später Professor für Gynäkologie an der Universität Hamburg.

115 NS-Frauenschaft: die – bedeutungslose – Frauenorganisation der NSDAP. Schubert selbst ist seit 1933 SA-Mitglied und seit 1. 5. 1937 mit der Nummer 5 082 733 NSDAP-Mitglied.

116 Die erhaltenen Lazarett-Rechnungen der Chirurgischen Zivilstation des Ortslazaretts Suresnes vom 17. 6. 1943 und 12. 7. 1943 belegen den Aufenthalt der Autorin vom 16.6. bis 12. 7. 1943.

117 Die Feldpostnummer des Ortslazaretts Suresnes: 03069 Z.

118 Damville: Kleinstadt im Departement Eure, 90 km westlich von Paris.

119 Peter, eigentlich Alois Wyrwich (geb. ca. 1916), Förster aus Beuthen, Oberschlesien. Gemäß dem Kragenspiegel auf erhaltenen Fotos ist Peter Flieger und später Gefreiter der Luftwaffe.

120 Elena Lupescu (1902–1977), seit den zwanziger Jahren Geliebte, seit 1947 Ehefrau von Carol II. (1893–1953), König von Rumänien (1930 bis 1940).

121 Die Lazarett-Rechnung der Chirurgischen Zivilstation vom 5. 10. 1943 belegt den Aufenthalt der Autorin vom 27.8. bis 5. 10. 1943.

122 Masza Waisblat (Anmerkung 65).

123 Vermutlich im Zusammenhang mit der großen Judenrazzia vom 16. 7. 1942 (Anmerkung 73).

124 Als nach der Niederlage in Stalingrad für die Wehrmacht weniger Bedarf an Pelzen besteht, bittet *die Abteilung IV-B im Amt des BdS* [Befehlshabers der Sicherheitspolizei] *Frankreich am 19. März 1943 die Polizeipräfektur Paris um Erlaubnis, aus einer Liste von 720 jüdischen Kürschnereiarbeitern diejenigen zu deportieren, deren Nationalität eine Ver-*

haftung zuließ. (Raul Hilberg. Die Vernichtung der europäischen Juden. Frankfurt am Main. 9. Aufl. 1999, S. 692). Der hier geschilderte Vorfall ereignet sich vermutlich erst einige Monate später.

125 Ein zeitgenössischer Nachweis bei H. J. von Moltke, Brief vom 8. 6. 43 (Anmerkung 85).

126 Der Anstellungsvertrag der Deutschen Forschungsgemeinschaft ist datiert: Paris, 1. 4. 1944. – Deutsche Forschungsgemeinschaft ist die Kurzbezeichnung der 1920 gegründeten Notgemeinschaft der Deutschen Wissenschaft, die sich seit 1929 Deutsche Gemeinschaft zur Erhaltung und Förderung der Forschung nennt.

127 Heinz Boetticher (geb. 1890), Major (Ergänzungsoffizier) der Abwehr, Weltkriegsteilnehmer als Leutnant der Reserve, seit 1939 reaktiviert bei der Abwehrstelle Stettin als Oberleutnant der Reserve, von 1940 bis 1944 Abwehrstelle Paris.

128 Ernst Görn, auch Schampel genannt, entfernter Vetter der Mutter der Autorin, in der Familie Treuherz als Nazi-Gegner geschätzt. – Fritz Treuherz (Anmerkung 5) berichtet später, Schampel habe während des Krieges eine Familie gefunden, die bereit war, Julius Treuherz zu verstecken, dieser habe das Angebot jedoch abgelehnt, weil er niemand in Gefahr bringen wollte.

129 Hier benutzt Julius Treuherz die von der NS-Propaganda eingeführte Bezeichnung »Terrorangriff« für alliierte Bombenangriffe auf zivile Ziele, schreibt jedoch »sogenannt«.

130 Gathe: Agathe Schneider, geb. Gerber (Anmerkung 31) mit Tochter Jeanette.

131 Mit Abwanderung umschreibt Julius Treuherz die drohende Deportation.

132 Käte Kohlmann (Anmerkung 35).

133 Dora Gerber (Anmerkung 28).

134 Lydia Voljensky (geb. 1922, Sliven, Bulgarien), seit 10. 2. 1944 angestellt bei der Deutschen Forschungsgemeinschaft in Paris.

135 Dr. rer. nat. Kurt Starke (1911–2000), Chemiker am Kaiser-Wilhelm-Institut für Medizinische Forschung (Prof. Walter Bothe), Heidelberg, 1943 bis 1944 am Collège de France, später Professor für Kernchemie an der Universität Marburg. – 1989 äußert sich Starke über seine Tätigkeit in Paris: »Mit dem Nachweis des Elementes 93 [Neptunium] im Jahre 1940 endete meine Mitarbeit im Kaiser-Wilhelm-Institut für Chemie [in Berlin]. Die [letztlich vergebliche] Suche nach dem nächstfolgenden Transuran 94 [Plutonium] führte mich 1943 in das Labor von Frédéric Joliot-Curie.« (Zitat aus dem um eine Einführung von Kurt Starke erweiterten Reprint des Buches Otto Hahn: Vom Radiothor zur Uranspaltung. Eine wissenschaftliche Selbstbiographie. Braunschweig 1962, Neuauflage. Braunschweig 1989).

136 Dr. Ing. Werner Maurer (1906–1989), Privatdozent, Physiker, 1940 bis 1942 an den Kaiser-Wilhelm-Instituten für Physik (Prof. Werner Hei-

senberg) und für Chemie (Prof. Otto Hahn), Berlin, 1942–1944 am Collège de France, Paris, später Professor für Medizinische Strahlenkunde an der Universität Würzburg. – Maurer reicht am 15.4. 1944 zwei Arbeiten ein, die vermutlich in Paris entstanden sind: »Aktivierung von Lanthan mit Deuteronen« in Die Naturwissenschaften, 32 (1944), SS. 224/225, und »Zur Frage der bei der Bestrahlung von Wismuth mit langsamen Neutronen auftretenden Aktivitäten« in Die Naturwissenschaften, 32 (1944), SS. 295/296.

137 Prof. Dr. Wolfgang Riezler (1905–1962), Physiker, seit dem Frühjahr 1942 als Nachfolger von Prof. Dr. Wolfgang Gentner (1906–1980), Heidelberg, Leiter der Deutschen Arbeitsgruppe am Collège de France, Professor für Kernphysik an der Universität Bonn.

138 Am 30.6. 1943 stellt Schubert (Anmerkung 114) einen Förderantrag an die Deutsche Forschungsgemeinschaft in Berlin-Steglitz. Der Reichsforschungsrat, Bevollmächtigter für Kernphysik, bewilligt zum Thema »Untersuchungen über die biologische Wirkung der Neutronenstrahlen insbesondere Stoffwechseluntersuchungen mit Hilfe künstlich radioaktiver Substanzen« am 11.8. 1943 RM 5000, am 7.9. 1943 weitere RM 1200 und schließlich am 16.5. 1944 noch einmal RM 6000. – Am 3.12. 1943 erscheint die erste Veröffentlichung zu diesem Thema: G. Schubert, H. Vogt, W. Maurer (Anmerkung 136), W. Riezler (Anmerkung 137): »Tierexperimentelle Indikatoruntersuchungen mit radioaktivem Kupfer« in Die Naturwissenschaften, 31 (1943), SS. 589/590. Der Text schließt mit der ungewöhnlichen Ortsangabe: »Aus einem Kriegslazarett (Chefarzt: Oberstabsarzt Dr. Begger) einer Kriegslazarett-Abteilung (Kommandeur: Oberfeldarzt Dr. Müller). Heeresgruppenarzt: Generalstabsarzt Dr. Haubenreisser. – F. N. 03069AD« (F. N.: Feldpostnummer, Anmerkung 117). Das Collège de France und Paris werden nicht genannt. – Schubert schreibt nach Kriegsende ein Buch, in dem er seine Pariser Forschungen erwähnt: Kernphysik und Medizin. Mit einem Geleitwort von Prof. Dr. Heinrich Martius. Göttingen 1947.

139 Gentner (Anmerkung 137) sowie die von der Autorin genannten deutschen Wissenschaftler Maurer, Riezler und Starke sind Mitglieder des so genannten Uranvereins. Sie sind an den Forschungen des Heereswaffenamtes beteiligt, die einen Uranbrenner – heutzutage Kernreaktor genannt – oder gegebenenfalls eine Uranbombe – heute Atombombe genannt, genauer Kernspaltungsbombe – zum Ziel haben.

140 Zyklotron: Ionen-Beschleuniger, 1931 von E. O. Lawrence in Berkeley erstmals gebaut.

141 Collège de France im Quartier Latin, Place Marcelin Berthelot, Paris, gelegen, 1530 gegründetes hochrangiges staatliches Forschungsinstitut.

142 Frédéric Joliot-Curie (1900–1958): Professor am Collège de France, französischer Physiker, Nobelpreisträger.

143 Maurer (Anmerkung 136) tritt bereits 1929 der NSDAP bei, Mitgliedsnummer: 165 488.

144 Geigerzähler: Zählgerät zum Nachweis von geladenen und ungeladenen Teilchen, 1928 von L. W. Geiger und W. Müller in Kiel erfunden.

145 Die Autorin heiratet 1948 den aus Litauen stammenden Juden Honon Cazas (1894–1995), den sie beim Russischunterricht kennen gelernt hatte. Honon Cazas studiert in Zürich Medizin, lebt seit den zwanziger Jahren als Geschäftsmann in Frankreich und versteckt sich während der deutschen Besatzung, zuletzt in Almhütten, um der Verfolgung zu entgehen.

146 Auf den Stelen des *Mémorial de la Shoa* in Paris befindet sich seit Januar 2005 der Eintrag *Dina WEIZENBAUM 1921*. In der dortigen Datei steht zusätzlich: geb. 14. 3. 1921 in Leipzig, 1944 Transport 71 Drancy/Auschwitz.

147 SD: Sicherheitsdienst, Nachrichten- und Abwehrdienst der SS.

148 Die beiden Schwestern im »Schloss« heißen Pellerine. Eine wird 1944 nach Deutschland verschleppt und stirbt 1945. Die Briefschreiberin, A. Pellerine, wird 1946 ermordet, vermutlich von ehemaligen Kollaborateuren.

149 Invasion: Die Landung der Alliierten an der Küste der Normandie begann am 6. 6. 1944.

150 Vermutlich Samstag, 3. 6. 1944. Die umfangreichsten Bombardements von Rouen durch die Alliierten geschahen in der »Semaine Rouge« von Dienstag, 30.5., bis Montag, 5. 6. 1944.

151 DRK-Oberstführer Baron Kurt von Behr (1. 3. 1890, Hannover bis 19. 4. 1945, Schloß Banz/Oberfranken): Seit 1941 im Einsatzstab Reichsleiter Rosenberg (ERR) in Frankreich Leiter der M-Aktion mit dem Auftrag, jüdische Haushalte ihrer Möbel, Bücher, Noten, Musikinstrumente und Kunstwerke zu berauben. Eintritt in die NSDAP am 1. 7. 1933, Mitglieds-Nr. 3 391 527, während er als Kaufmann in Venedig lebt. Seit 11. 1. 1936 im Präsidium des Deutschen Roten Kreuzes in Berlin. Beim Einmarsch der US-Armee Selbstmord gemeinsam mit seiner Frau, einer Engländerin.

152 Am 18. 8. 1944 rufen die in den F. F. I. organisierten Résistants zum Generalstreik auf, der am 19.8. gleichzeitig mit dem bewaffneten Aufbegehren der in Paris überwiegend kommunistisch geführten Résistance beginnt. Charles de Gaulle überredet die US-Militärführung, am 25.8. in Paris einzurücken, wo er dann die Résistance unter seiner Führung eint.

153 Gemeint ist der von Major Boetticher (Anmerkung 127) nach Paris geschmuggelte Brief vom 5. 4. 1944.

154 Hier spielt Julius Treuherz auf die bevorstehende Deportation nach Theresienstadt an (Anmerkung 131).

155 Terror-Besuch: Alliierte Bombenangriffe auf Paris im Frühjahr 1944 (Anmerkung 129).
156 Käte Kohlmann (Anmerkung 35).
157 J.: Julius Treuherz, *Päpschen* (Anmerkung 1).
158 Gerbers: Die mütterliche Verwandtschaft der Autorin.
159 Else: Die Mutter der Autorin (Anmerkung 2).
160 Der ehemalige Verlobte der Autorin, René Rosenberg (Anmerkung 46), übersteht die Fremdenlegion als EVDG (engagé volontaire pour la durée de la guerre), lebt später in Belgien.
161 Drancy: Sammellager in einem nordöstlichen Vorort von Paris, von 1941 bis 1944 als Sammellager zur Deportation der Juden genutzt, bis 1943 unter französischer Verantwortung (Anmerkung 90).
162 Der Arzt Dr. Marcel Petiot (1887–1946, hingerichtet), Massenmörder, der insbesondere auswanderungswillige Juden in die Falle lockte, ausraubte und ermordete.
163 F. F. I.: Forces Françaises de l'Interieur, ein seit 1943 bestehender Zusammenschluss von Résistants, der de Gaulle zugeordnet ist (Anmerkung 152).
164 Die Schwestern Pellerine (Anmerkung 148).
165 Französischer Originaltext des Briefes von Madame A. Pellerine:
Le 15-1-1946
Chère Mademoiselle.
Moi non plus je ne vous ai pas oubliée, et vos nouvelles me font plaisir. Oui, je me doute, votre vie a dû être dure, bien pénible, mais c'est fini, n'est-ce pas? Moi, c'est par miracle que je suis encore en vie! J'ai eu les plus terribles épreuves à subir pendant les semaines qui ont précédé la libération. J'ai été dénoncée aux boches par quelqu'un d'ici, et, si les américains étaient arrivés 3 heures plus tard, les canons braqués sur ma maison auraient tout, et tous anéanté. Ma pauvre sœur, déjà meurtrie par sa captivité en Allemagne, n'a pu supporter tout ce qu'elle voyait s'amonceler autour de moi, elle est morte! – De douleur. Cette mort est un coup dur pour moi, j'ai l'habitude, c'est vrai, de souffrir, mais cette habitude rend mon cœur trop sensible, j'ai un profond chagrin. Et puis, il y a tant de choses qui vont mal à mon gré, heureusement mon énergie ne faiblira pas, croyez le. – J'aurai beaucoup de plaisir à vous revoir, à évoquer avec vous les heures tragiques de ces moments des derniers mois où vous étiez près de moi, mais, cela aux environs de l'été ce sera peut-être possible. Les passions partisanes qui agitent le pays sont trop vives encore. Donnez-moi de vos nouvelles, je vous prie, je vous répondrai. Votre mère et vos amis sont, j'espère en bonne santé, donnez-leur mon souvenir et recevez, chère Mademoiselle, l'assurance de mes sentiments les plus sympathiques.   A. Pellerine
166 Jacques Soustelle (1912–1990): Ethnologe und Politiker, Minister unter Charles de Gaulle.

167 Baron Bertrand de Largé steht in Verbindung mit dem französischen Geheimdienst.
168 Loulou (Anmerkung 15).
169 Am 16.6. 1944 wird Julius Treuherz mit Transport I/113–14791 (107. Alterstransport) von Berlin nach Theresienstadt deportiert. In Berlin wohnt er bis zuletzt gemeinsam mit seinem Neffen Fritz (Anmerkung 5) bei Rotholz, Gervinusstraße 20a, Berlin-Charlottenburg.
170 Julius Treuherz wird am 9.10. 1944 mit Transport Ep-328 von Theresienstadt nach Auschwitz deportiert, kurz bevor Ende Oktober der Betrieb der Gaskammern eingestellt wurde.

Brigitte Mihok

Deutsch-jüdische Emigranten in Frankreich 1938–1944

Ein Nachwort

Für zahlreiche prominente Schriftsteller, Künstler und politische Aktivisten galt Frankreich bereits 1933 als Fluchtort vor der nationalsozialistischen Verfolgung. Die Beweggründe für dieses Zielland waren unterschiedlich und reichten vom Netz der bereits dort lebenden Freunde, Kollegen und Verwandten bis hin zum prägenden Frankreichbild der damaligen Zeit: Frankreich als Sinnbild für Freiheit, Kunst und Kultur wie auch für Toleranz. Die meisten wollten zunächst nur vorübergehend dort sein, solange die politischen Verhältnisse in Deutschland eine Rückkehr nicht erlaubten. Wie sich ihre Exilzeit gestaltete, ist mittlerweile einer Fülle von Biographien, Dokumentationen, Essays und Romanen zu entnehmen. Weniger bekannt ist hingegen das »Exil der kleinen Leute«, wie Wolfgang Benz es nennt. Helga Cazas' Lebenserinnerung reiht sich in dieses Genre ein. Die Autorin flüchtete 1938 als Achtzehnjährige mit ihrer Mutter aus Berlin, da sie dort nicht mehr in Sicherheit leben konnten. Damals trug sie noch den Namen ihrer Eltern, Treuherz. Lebendig schildert sie ihre Emigrationsgeschichte, die Eingewöhnung in Paris, die Suche nach Ausbildung und Beschäftigung, Freundschaften, prägende Erlebnisse, aber auch die Sehnsüchte als junge Frau. Ihr Weg nach Frankreich wie auch ihr dortiger Aufenthalt waren stets von der Hoffnung begleitet, dass der Vater nachkommen würde.

Während Frankreich die ab 1933 aus Deutschland geflohenen Emigranten zumindest anfangs wohlwollend aufnahm, änderte sich diese Aufnahmebereitschaft ab Herbst 1938. Als Auslöser für diesen Wandel und als Vorwand zur Eindämmung weiterer Emigration war ein Ereignis ausschlaggebend: Am 7. November 1938 erschoss Herschel Grynszpan, ein Jude polnischer Herkunft, den deutschen Legationssekretär Ernst vom Rath in Paris. Innenpolitisch reagierte die französische Regierung am 12. November 1938 mit einem Dekret, wonach »feindliche verdächtige Ausländer« zur besseren

Kontrolle in eigens dafür eingerichtete Lager einzuweisen sind. Bereits im Januar 1939 war zur Umsetzung dieser Verordnung das erste Internierungslager (centre spécial de rassemblement) für Emigranten in Rieucros bei Mende im Département Lozère errichtet worden. Weitere folgten im Frühjahr 1939 in St. Cyprien, Argèles sur mer und Gurs, wo zunächst spanische Republikflüchtlinge (unter ihnen auch jüdische Brigadisten), ehemalige Spanienkämpfer und politisch aktive Emigranten eingewiesen wurden. Außenpolitisch verfügte die französische Regierung die Verschärfung der Einreisemodalitäten nach Frankreich, was für die deutsch-jüdischen Flüchtlinge entweder die Verweigerung ihrer Visa-Anträge oder aber die erschwerte Visa-Gewährung bedeutete. Diese Restriktionen trafen auch die Familie Treuherz. Während die Mutter über eine französische Staatsbürgerschaft verfügte und problemlos nach Frankreich hätte einreisen können, ergaben sich für Helga Treuherz und ihren Vater erhebliche Schwierigkeiten. Nach mehrmaligen Vorsprachen bewilligte das französische Konsulat letztendlich die Ausstellung eines einmonatigen Visums für Helga Treuherz. Für Julius Treuherz hingegen wurde das Visum verweigert mit dem Hinweis, dass sich seine Frau von Paris aus darum bemühen könne.

Helga Treuherz kam mit ihrer Mutter in einem äußerst kritischen Zeitraum nach Paris, in dem sich die Situation der Emigranten insgesamt verschlechterte. Für die meisten war die Anfangszeit bedrückend, geprägt von den beengten Wohnverhältnissen, den immensen Schwierigkeiten, eine Arbeitserlaubnis zu bekommen, den materiellen Nöten und der bestehenden Ausweisungsbedrohung. Die Emigranten mussten ständig um die Gewährung ihrer Aufenthaltserlaubnis bangen. Die Vorschriften sahen zunächst die polizeiliche Wohnsitzanmeldung auf dem nächstgelegenen Polizeikommissariat vor, danach war die Beantragung der Aufenthaltsgenehmigung (carte d'identité d'étranger) bei der Polizeipräfektur erforderlich. Manche erhielten indes kurzfristige Aufenthaltserlaubnisse, die sie immer wieder neu beantragen und dabei befürchten mussten, dass ihnen diese verwehrt würden und sie ausgewiesen würden.

Der Erhalt einer Arbeitsgenehmigung gestaltete sich noch komplizierter und führte dazu, dass all diejenigen, die über kein Vermögen verfügten, zunehmend Gelegenheitsjobs, Hausiertätigkeiten, Frauen vor allem Haushalts- und Näharbeiten annahmen. Bei der mühseligen Arbeitssuche spielte neben Sprachkenntnissen und Eigeninitiativen auch die Bereitschaft eine große Rolle, wenig angesehene Tätigkeiten auszuführen.

Schätzungen zufolge haben sich 1939 etwa 10 000 deutsch-jüdische Emigranten in Frankreich aufgehalten. Trotz der Eingewöhnungsschwierigkeiten waren die meisten bestrebt, ein einigermaßen normales Leben zu führen. Höchst bedeutsam waren in dieser Zeit die jüdischen Hilfskomitees, die vielen Emigranten über einen begrenzten Zeitraum halfen. Doch nicht alle Emigranten schafften es, sich zurechtzufinden, viele haben das Land wieder verlassen, andere wurden ausgewiesen, manche haben sich aus Verzweiflung das Leben genommen.

Mit dem Kriegsausbruch änderte sich ab September 1939 die Lage dramatisch. Sogleich verfügte die französische Regierung die Internierung deutscher und ehemaliger österreichischer Staatsbürger, die nun als »feindliche Ausländer« betrachtet wurden. Betroffen waren alle männlichen Deutschen, Österreicher, aber auch deutschsprachige Tschechen – im Alter von 17 bis 65 Jahren –, die sich in Frankreich aufhielten. Fluchtgründe und Verfolgtenstatus ignorierend, trafen die französischen Behörden bei dieser Maßnahme keine Unterscheidung, ob es sich um jüdische oder nichtjüdische Emigranten, um politisch Verfolgte, Antifaschisten oder um Hitlersympathisanten handelte. Erst nach der Einweisung in die »Sammelzentren für Ausländer« (Centres de rassemblement des étrangers) führte eine Kommission (Commission de Criblage) die Überprüfung der Internierten durch. Dieser Vorgang ging teilweise sehr schleppend voran, manche zu Unrecht internierte Flüchtlinge mussten Monate auf ihre Entlassungspapiere warten. Anhand der Überprüfungsergebnisse wurde ein Teil der Internierten wieder entlassen, andere wurden in paramilitärische Arbeitseinheiten (compagnies de travailleurs étrangers) eingewiesen, andere wiederum den Einheiten der Fremdenlegion zugewiesen. Die als »verdächtige Ausländer« eingestuften Internierten kamen in bewachte Lager (Centres de séjour surveillé), wie beispielsweise nach Le Vernet d'Ariège. Unter dem sehr vagen Begriff »verdächtige Ausländer« waren sowohl politische Emigranten, bekannte antifaschistische Schriftsteller, ehemalige Spanienkämpfer, aber auch Sympathisanten des Dritten Reiches zusammengefasst.

Nach dem deutschen Angriff am 10. Mai 1940 erfolgte die erneute Internierung aller deutschsprachigen Ausländer, unabhängig vom vorhergegangenen Ergebnis der Überprüfungskommission (Commission de Criblage). In der Region Paris kamen Schätzungen zufolge 8000 deutsche Zivilinternierte, von denen etwa 5000 Juden waren, in Gefängnisse und Sammellager. Anschließend wurden sie unter Polizeibewachung in Zügen nach Südfrankreich gebracht und in verschiedene Internierungslager eingewiesen. Diesmal waren auch die Frauen betroffen. Vom 17. Mai an mussten sich Tausende – im Alter zwischen 17 und 65 Jahren – im Vélodrom d'Hiver (Vel d'Hiv) einfinden und wurden danach ins Lager Gurs interniert, unter ihnen auch Helga Treuherz. Die als »sehr verdächtig« eingestuften Männer kamen nach Le Vernet und die Frauen nach Rieucros.

Wie angespannt die Lage war und wie feindselig die französische Bevölkerung inzwischen auf die Emigranten reagierte, zeigte sich an den oft beschriebenen Bahnhofsszenen: Als die Züge mit den Zivilinternierten an einigen der Bahnhöfe in Südfrankreich ankamen, wurden sie von den Einheimischen beschimpft und mit Steinen beworfen. Für die französische Bevölkerung waren sie »Spione«, die Frankreich schaden würden und deswegen interniert werden müssten. Allerdings sind diese Ausschreitungen als Einzelerscheinungen zu werten und waren zeitbegrenzt, denn in der Folgezeit offenbarten sich wesentlich mehr Fälle von Hilfe, Solidarität und Mitgefühl.

Am 22. Juni 1940 unterzeichnete die Pétain-Regierung ein Waffenstillstandsabkommen, worin neben der Teilung Frankreichs in eine besetzte Zone im Norden und eine unbesetzte (freie) Zone im Süden auch die französische Kollaborationsbereitschaft festgehalten war. In Artikel 19 Absatz 2 willigt Frankreich ein, alle deutschen Flüchtlinge an das Deutsche Reich auszuliefern, sofern dies gefordert wird. Für viele, die sich in den Lagern der unbesetzten Zone befanden, stellte dieser Artikel eine unmittelbare Bedrohung dar. Schätzungen zufolge waren etwa 70 Prozent der Zivilinternierten jüdischer Herkunft. Die aufgrund dieses Artikels befürchteten massiven Auslieferungen blieben indes aus, die deutschen Behörden bekundeten bis zum Spätsommer 1940, dass an der »Rückkehr von Emigranten und Juden, die noch im Besitz der deutschen Staatsangehörigkeit waren, kein Interesse« bestehe. Nichtsdestotrotz wiesen sie die französischen Lagerbehörden an, gesonderte Listen über die internierten Juden aus Deutschland und Österreich aufzustellen – Listen, die zu einem späteren Zeitpunkt eine Rolle spielen sollten. Und auch die deutsche Kontrollkommission für Zivilgefangene und Internierte (Kundt-Kommission) war mit der Registrierung und Erfassung der Internierten indirekt beschäftigt: Sie war zwischen Juli und August 1940 mit der Besichtigung der Lager in Südfrankreich beauftragt und sollte nachprüfen, inwiefern »Reichsdeutsche« in den Internierungslagern festgehalten wurden. In ihrem Endbericht vermerkte sie, welche der »Reichsdeutschen« Juden waren und welche »Arier«.

Im gleichen Zeitraum (Juli und August 1940) öffneten einige Lager ihre Tore, ein Teil der Zivilinternierten wurde freigelassen, meistens reichte zur Entlassung der Nachweis einer Anschrift in der unbesetzten Zone, ein von französischen Verwandten beantragter Passierschein oder der Nachweis von Geldmitteln. Das Lager Gurs verließen bis Anfang August 92 Prozent der Frauen, zurück blieben diejenigen jüdischen Frauen, die keinerlei Möglichkeiten zur Entlassung erlangen konnten. Für Helga Treuherz organisierte ihre Mutter einen Passierschein, mit dem sie das Lager verlassen durfte und sich – trotz des verfügten Rückkehrverbotes in die besetzte Zone – auf den Weg nach Paris begab. Ihr physisches Entkommen und die Ankunft in Paris bedeutete noch nicht die Rettung, denn die nachfolgenden Jahre waren von einem Zustand beängstigender Rechtsunsicherheit geprägt.

Das anfänglich bekundete Desinteresse der deutschen Besatzungsmacht an der Auslieferung oder Rückkehr deutscher Flüchtlinge und Emigranten änderte sich in der Folgezeit. Allerdings bestand diese Änderung in der Ausweitung des Interesses hinsichtlich der »Lösung der Judenfrage«, die sich zunehmend zur Repressionspolitik gegenüber der jüdischen Bevölkerung in Frankreich entwickelte. Seit Herbst 1940 erarbeiteten die in Frankreich niedergelassenen deutschen Dienststellen Pläne zur Isolation, Verhaftung, Internierung und anschließenden Deportation aller in Frankreich ansässigen Juden. Die Aufgabe der Dienststelle des »Beauftragten des Chefs der Sicherheitspolizei und des SD« im Bereich des Militärbefehlshabers in Frankreich, die sich aus einem Sonderkommando des

Reichssicherheitshauptamtes zusammensetzte und von Dr. Helmut Knochen geleitet wurde, bestand in der »Erfassung und Überwachung von Juden, Kommunisten, Emigranten, Logen und Kirchen«. Die Unterabteilung IV B 4 a dieser Dienststelle beschäftigte sich mit der »Behandlung der Judenfrage« und wurde bis Juli 1942 von Theodor Dannecker (danach von Heinz Röthke) geleitet, der maßgeblich zum beschleunigten Vorgehen gegen die jüdische Bevölkerung in Frankreich beitrug. Auch in der politischen Abteilung der deutschen Botschaft in Paris gab es ein Referat für »Juden- und Freimaurerfragen«.

Die seit Ende September 1940 ergriffenen Maßnahmen gegen die jüdische Bevölkerung beruhten auf einem Zusammenwirken zwischen deutscher Militärverwaltung, anderen deutschen Dienststellen und den französischen Behörden.

Die deutsche Militärverwaltung gab ab dem 27. September 1940 eine Reihe von antijüdischen Anordnungen heraus, die die französischen wie auch ausländischen Juden in der besetzten Zone betrafen. Die folgenschwerste Bestimmung sah die Meldepflicht und Eintragung in ein »Judenregister« vor. Diese Registrierung ergänzte die bereits von den Internierungslagern der freien Zone durchgeführte Erhebung und bildete die Basisliste, die zu einem späteren Zeitpunkt für die Verhaftung und Deportation »ausländischer Juden« benötigt wurde. Ab 1941 waren die deutschen Dienststellen bereits mit der Ausarbeitung von Internierungsplänen beschäftigt, die die Errichtung von Konzentrationslagern für staatenlose und ausländische Juden in der besetzten Zone vorsahen sowie die Vorbereitung der hierzu notwendigen Massenverhaftungen und anschließenden Deportationen.

Zur gleichen Zeit ergriff auch die französische Regierung eigene restriktive Maßnahmen gegen die jüdische Bevölkerung. Am 3. Oktober 1940 erließ sie ein »Judenstatut«, das – neben einer viel strikteren Definition des Begriffs »Jude« – unter anderem die französischen Juden ihrer Stellungen im öffentlichen Dienst, Presse-, Kultur- und Kunstbereich enthob.

Die jüdischen Flüchtlinge hingegen betraf bereits eine am 27. September 1940 herausgegebene Verordnung, die die Internierung aller männlichen arbeitslosen Ausländer zum Ziel hatte. Von den Zehntausenden internierten Ausländern waren mehr als 70 Prozent Juden.

Das am 4. Oktober 1940 erlassene »Gesetz über die Ausländer jüdischer Rasse« (Loi sur les étrangers de race juive) wiederum ermächtigte die Präfekten in der freien Zone, ausländische und staatenlose Juden in Lager einzuweisen. Infolge dieses Gesetzes wurden in der freien Zone erneut ausländische Juden interniert, andere ständig mit der Gefahr der Einweisung bedroht.

Die verschärften und ausgrenzenden rechtlichen Rahmenbedingungen betrafen alle deutsch-jüdischen Emigranten gleichermaßen. Die Möglichkeiten zur Flucht, zum illegalen Aufenthalt, Untertauchen oder Überleben waren indes von unterschiedlichen Faktoren abhängig: vom Aufenthaltsort, von Beziehungen und Geldmitteln, von Kontakten zu Hilfsorganisationen und Flüchtlingsnetzwerken, vom französischen Familien- und Freundeskreis, von der Eigeninitiative und dem Durchhaltevermögen, vom physischen und psychischen Zustand, und in manchen Fällen einfach vom Glück.

Ziehen wir zunächst die Lage der Emigranten in der *freien* Zone in Betracht: Dieser Landesteil war zwar »frei« von deutschen Truppen, aber nicht »frei« von den antijüdischen Maßnahmen des französischen Kollaborationsregimes. Diejenigen, die über Geldmittel, Beziehungen und Kontakte verfügten, versuchten via Marseille nach Übersee zu entkommen. Vielen prominenten Künstlern, Schriftstellern und Politikern gelang es, mit Hilfe organisierter Fluchthilfeinitiativen über die Pyrenäen nach Spanien und Portugal zu entkommen, beziehungsweise sich nach Mexiko, in die Vereinigten Staaten, nach Südamerika oder Palästina einzuschiffen.

In den Internierungslagern der freien Zone befanden sich seit 1940 zahlreiche jüdische Emigranten und Flüchtlinge. Hier bemühten sich Hilfsorganisationen um die Regelung der Auswanderungsmodalitäten für die Internierten. Viele konnten zumindest bis Anfang 1942 auf diesem Weg aus Frankreich entkommen, andere mussten jedoch weiterhin in den Lagern Gurs, Rivesaltes, Les Milles u.v.a. verbleiben. Sie stellten die am stärksten bedrohte Emigranten- und Flüchtlingsgruppe dar, da sie nicht nur erfasst, sondern bereits in einem Lager konzentriert waren. Sie waren im August 1942 die Ersten, die auf Veranlassung der Vichy-Regierung an die Deutschen ausgeliefert wurden. Die Deportationen aus der freien Zone begannen am 6. August 1942. Bis zum 22. Oktober 1942 sind 11005 Menschen, etwa die Hälfte von ihnen deutsche

und österreichische Juden, in die besetzte Zone nach Drancy gebracht und von dort nach Auschwitz deportiert worden. Seit 1942
regte sich vor allem in der freien Zone Widerstand gegen die Ver-
haftungen und Auslieferungsvorhaben der französischen Regierung.
Massive Proteste der Kirchen und private Rettungsaktionen ermög-
lichten einigen Menschen das Untertauchen oder die Flucht vor der
Deportation.
Juden, die sich in der *besetzten* Zone befanden und eine Lagerein-
weisung noch umgehen konnten, schlugen sich von Tag zu Tag
durch, stets von der Ungewissheit begleitet, was der nächste Tag
bringen würde. Denn auch sie waren entweder auf den bereits im
Sommer 1940 aufgestellten Internierungslisten oder im »Judenregister« vermerkt und dadurch einem möglichen Zugriff ausgeliefert. Seit Anfang 1941 waren besonders die in Paris lebenden jüdischen Flüchtlinge von der einsetzenden Verfolgung bedroht.

In ihren Lebenserinnerungen beschreibt Helga Treuherz anschau-
lich, wie sie die Verfolgungszeit in Paris meisterte, der drohenden
Ausweisung entkam und mit ihrer Mutter in Paris überlebte. Doch
wie gestaltete sich die Situation für die unzähligen weiteren deutschen und osteuropäischen jüdischen Flüchtlinge?

An den ab 1941 in Paris durchgeführten Kontrollen und später ge-
zielten Razzien war die französische Verwaltung und Polizei maßgeblich beteiligt. Die Pariser Polizeipräfektur verschickte im Mai
1941 an mehr als 6000 jüdische Flüchtlinge ein Schreiben, das sie
zur Meldung an vorgegebenen Sammelstellen aufforderte. 3747
Männer – überwiegend polnische, tschechische, aber auch über 350
deutsche Flüchtlinge – folgten dieser Aufforderung, meldeten sich
am 14. Mai an den angegebenen Stellen, wurden sofort verhaftet
und in die Lager Beaune-la-Rolande und Pithiviers eingewiesen. Im
August fand die zweite Razzia im 11. Pariser Bezirk statt, während
der über 4200 Juden verhaftet und in das für sie errichtete Lager
Drancy, einem Vorort von Paris, gebracht wurden. Im Dezember
erfolgte die Verhaftung von 743 französisch-jüdischen Honoratio-
ren, die anschließend ins Lager Compiègne kamen.
Über das Schicksal von den inzwischen 8700 inhaftierten jüdischen
Männern entschied am 14. Dezember 1941 der Militärbefehlshaber

in Frankreich, Otto von Stülpnagel, wonach »eine große Zahl verbrecherischer jüdisch-bolschewistischer Elemente (...) zur Zwangsarbeit nach dem Osten« zu deportieren sind. Die bevorstehenden Deportationen wurden als »Sühnemaßnahmen« aufgrund der Zunahme von Anschlägen auf Wehrmachtsangehörige bezeichnet. Drei Monate später veranlasste der Judenreferent der Gestapo, Theo Dannecker, die Überführung von etwa 300 Internierten aus Drancy nach Compiègne, von wo aus der erste Deportationszug mit 1112 ausländischen und französischen Juden am 27. März 1942 in Richtung Auschwitz abfuhr. Theo Dannecker ließ es sich nicht nehmen, den Zug bis nach Auschwitz zu begleiten. Der zweite Deportationszug mit 1000 ausländischen Juden verließ Drancy am 5. Juni, weitere drei Transporte folgten am 22., 25. und 26. Juni mit 3037 Juden aus den Lagern Drancy, Pithiviers und Beaune-la-Rolande, alle mit dem Ziel Auschwitz.

Die französische Polizei hatte am 16./17. Juli 1942 ihre größte Razzia (grande raffle) in Paris durchgeführt und 12 884 ausländische Juden festgenommen, wobei sich diesmal darunter 4051 Kinder und 5802 Frauen befanden. Die meisten wurden im Vélodrome d'Hiver zusammengepfercht, einige Tage danach in die Konzentrationslager der besetzten Zone gebracht und von dort nach Auschwitz deportiert.

Am 10. Februar 1943 setzte die französische Polizei ihre Razzien fort und verhaftete 1549 ausländische Juden, hauptsächlich Kinder und ältere Menschen. Die Verfolgung, Diskriminierung und Demütigung hielt bis zum Sommer 1944 an. Serge Klarsfeld dokumentiert, dass zwischen März 1942 und August 1944 etwa 76 000 Juden unterschiedlicher Nationalität aus Frankreich deportiert wurden, darunter etwa 7000 deutsche und 2000 österreichische Juden.

Helga Treuherz ist im besetzten Paris den Deportationen entgangen und konnte mit ihrer Mutter die Befreiung der Stadt erleben. Die verzweifelte Hoffnung, auch ihr Vater habe in Berlin die Verfolgungszeiten überstanden, zerschlug sich jedoch bald. Ein knappes Jahr vor Kriegsende war Julius Treuherz via Theresienstadt nach Auschwitz deportiert worden.

Die Lebenserinnerung von Helga Treuherz, inzwischen Cazas, verdeutlicht, wie vieles nötig war, um Einzelnen das Überleben zu ermöglichen, und wie bedroht das Leben aller Emigranten und

Flüchtlinge die ganze Zeit über war. Das Überleben, die Rettung oder das Untertauchen waren oft von Zufällen, Glück und dem Zusammentreffen von Menschen abhängig, und sie konnten nicht voraus geplant werden. Viele Flüchtlinge mit denselben Papieren ereilte ein ganz anderes Schicksal.

Literatur

Silke Ammerschubert, *Juden in Frankreich – Verfolgung und Rettung 1940 bis 1944*. In: Wolfgang Benz/Juliane Wetzel (Hrsg.), Solidarität und Hilfe für Juden während der NS-Zeit. Regionalstudien 2. Berlin 1998, S. 83 bis 136.

Gilbert Badia, *Frankreichs Haltung gegenüber den deutschsprachigen Emigranten 1933 und 1940*. In: Anne Saint Sauveur-Henn (Hrsg.), Fluchtziel Paris. Die deutschsprachige Emigration 1933–1940. Berlin 2002, S. 29–40.

Christian Eggers, *Deutschsprachige Emigranten in den französischen Internierungslagern 1939–1942*. In: Anne Saint Sauveur-Henn (Hrsg.), Zweimal verjagt. Die deutschsprachige Emigration und der Fluchtweg Frankreich–Lateinamerika 1933–1945. Berlin 1998, S. 34–47.

Michaela Enderle-Ristori, *Kontrolle und Überwachung der deutsch-österreichischen Emigration durch die französische Sûreté Nationale*. In: Anne Saint Sauveur-Henn (Hrsg.), Fluchtziel Paris. Die deutschsprachige Emigration 1933–1940. Berlin 2002, S. 190–204.

Myriam Foss/Lucien Steinberg, *Vie et mort. Des juifs sous l'occupation. Récits et témoignages*. Paris 1996.

Julia Franke, *Paris – eine neue Heimat? Jüdische Emigranten aus Deutschland 1933–1939*. Berlin 2000.

Serge Klarsfeld, *Vichy-Auschwitz. Le rôle de Vichy dans la solution finale de la question juive en France 1942*. Vol. 1, Paris 1983.

Serge Klarsfeld, *Vichy-Auschwitz. Le rôle de Vichy dans la solution finale de la question juive en France 1943–1944*. Vol. 2, Paris 1985.

Ahlrich Meyer, *Die deutsche Besatzung in Frankreich 1940–1944. Widerstandsbekämpfung und Judenverfolgung*. Darmstadt 2000.

Julia Franke, *»Von Haien umgeben«. Existenzerhaltung jüdischer Emigranten in Paris*. In: Anne Saint Sauveur-Henn (Hrsg.), Fluchtziel Paris. Die deutschsprachige Emigration 1933–1940. Berlin 2002, S. 62–72.

Anne Saint Sauveur-Henn (Hrsg.), *Zweimal verjagt. Die deutschsprachige Emigration und der Fluchtweg Frankreich–Lateinamerika 1933–1945*. Berlin 1998.

Barbara Vormeier, *Die Deportierung deutscher und österreichischer Juden aus Frankreich*. Paris 1980.

Die Zeit des Nationalsozialismus
Eine Buchreihe
Herausgegeben von Walter H. Pehle

»Die Schwarze Reihe mit ihren Zeitzeugnissen, Dokumentationen und Analysen ist ein unumgänglicher Bestandteil der Literatur über den Nationalsozialismus – ein Triumph der Aufklärung.« *Raul Hilberg*

Thema: Zeitzeugenberichte

Robert Antelme
Das Menschengeschlecht
Aus dem Französischen
von Eugen Helmlé
Band 14875

Anne Frank
Tagebuch
Band 15277

Willi Graf
Briefe und Aufzeichnungen
Herausgegeben von Inge Jens
und Anneliese Knoop-Graf
Band 12367

Cioma Schönhaus
Der Passfälscher
Die unglaubliche Geschichte
eines jungen Grafikers, der im
Untergrund gegen die Nazis
kämpfte
235 Seiten. Leinen
Scherz Verlag

Gideon Greif
»Wir weinten tränenlos ...«
Augenzeugenberichte der
jüdischen »Sonderkommandos«
in Auschwitz
Aus dem Hebräischen
von Matthias Schmidt
Band 13914

Sebastian Haffner
Anmerkungen zu Hitler
Band 23489

Wiesław Kielar
Anus Mundi
Fünf Jahre Auschwitz
Aus dem Polnischen von
Wera Kapkajew
Band 23469

Fischer Taschenbuch Verlag

fi 666 025 / 1 / a

Julius Wolfenhaut
Nach Sibirien verbannt
Als Jude von Czernowitz nach Stalinka 1941–1994

Band 16439

Der Autor wuchs in Czernowitz unter Juden, Ruthenen, Deutschen und Rumänen auf und erlebte früh den wachsenden Antisemitismus. Die sowjetischen Besatzer (ab 1940) deportierten vor allem Juden nach Sibirien. Wolfenhaut, ein junger Ingenieur, wurde als »sozialgefährliches Element« zu Schwerarbeit in Stalinka eingeteilt, anschließend als Lehrer in einer Schule für minderjährige Häftlinge in Tomsk. Nach Aufhebung der Verbannung zwang man ihn, 25 Jahre lang als Lehrer in Sibirien weiter zu arbeiten. Erst 1994 erlaubte man ihm, nach Deutschland überzusiedeln – Die Geschichte eines Menschen, dem man die Zukunft geraubt hatte.

Fischer Taschenbuch Verlag

fi 16439 / 1